庆祝中华人民共和国成立70周年

广东省精品出版扶持项目

消费行为模式变迁

1949—2019

刘金山 著

暨南大学出版社
JINAN UNIVERSITY PRESS

中国·广州

图书在版编目（CIP）数据

消费行为模式变迁：1949—2019/刘金山著．—广州：暨南大学出版社，2019.9
ISBN 978 - 7 - 5668 - 2731 - 9

Ⅰ.①消…　Ⅱ.①刘…　Ⅲ.①消费模式—变迁—中国—1949—2019
Ⅳ.①F126.1

中国版本图书馆 CIP 数据核字(2019)第 200851 号

消费行为模式变迁：1949—2019
XIAOFEI XINGWEI MOSHI BIANQIAN：1949—2019
著　者：刘金山

出 版 人：徐义雄
策划编辑：黄圣英
责任编辑：雷晓琪　黄佳娜
责任校对：林玉翠
责任印制：汤慧君　周一丹

出版发行：暨南大学出版社（510630）
电　　话：总编室（8620）85221601
　　　　　营销部（8620）85225284　85228291　85228292（邮购）
传　　真：（8620）85221583（办公室）　85223774（营销部）
网　　址：http：//www.jnupress.com
排　　版：广州市天河星辰文化发展部照排中心
印　　刷：广州市快美印务有限公司
开　　本：787mm×1092mm　1/16
印　　张：12.25
字　　数：148 千
版　　次：2019 年 9 月第 1 版
印　　次：2019 年 9 月第 1 次
定　　价：49.80 元

（暨大版图书如有印装质量问题，请与出版社总编室联系调换）

人民对美好生活的向往，就是我们的奋斗目标！

——习近平

（2012 年 11 月 15 日在十八届中央政治局常委与中外记者见面时的讲话）

幸福都是奋斗出来的！

——习近平

（2018 年新年贺词）

引　子

2019 年 10 月 1 日就要到了！这是一个世人瞩目的日子，更是一个令全球华人激动自豪的日子！

实际上，2019 年伊始，神州大地已到处回响着那首耳熟能详的歌曲："我和我的祖国，一刻也不能分割；无论我走到哪里，都流出一首赞歌；我歌唱每一座高山，我歌唱每一条河，袅袅炊烟，小小村落，路上一道辙……"①

歌唱家李谷一1985 年演唱的《我和我的祖国》这首歌，已经被传唱了 34 年。无论何时何地，每当旋律响起，人们都会情不自禁地哼唱，抒发心中那无法替代的情感。这首歌，似乎愈唱愈新，其激情，其豪迈，其希望，其畅想，令人心潮澎湃，充满着活力，充满着期待。那份鲜活，那份动力，似乎无法表达。每次听到这首歌，人们都会回想过去，更会畅想未来，似乎进入了时光隧道。

人们之所以热切盼望 2019 年 10 月 1 日，是因为无论身在何处，无

---

① 《我和我的祖国》，张藜填词，秦咏诚谱曲。歌词为：我和我的祖国，一刻也不能分割。无论我走到哪里，都流出一首赞歌。我歌唱每一座高山，我歌唱每一条河。袅袅炊烟，小小村落，路上一道辙。我亲爱的祖国，我永远紧依着你的心窝，你用你那母亲的脉搏和我诉说。我的祖国和我，像海和浪花一朵。浪是海的赤子，海是浪的依托。每当大海在微笑，我就是笑的旋涡。我分担着海的忧愁，分享海的欢乐。我亲爱的祖国，你是大海永不干涸。永远给我，碧浪清波，心中的歌。我和我的祖国，一刻也不能分割。无论我走到哪里，都流出一首赞歌。我歌唱每一座高山，我歌唱每一条河。袅袅炊烟，小小村落，路上一道辙。我亲爱的祖国，我永远紧依着你的心窝。永远给我，碧浪清波，心中的歌。啦……啦……永远给我，碧浪清波，心中的歌。

论长幼，人们心中都会响起 70 年前那一天飘荡在天安门城楼并迅速传遍世界的那句话：

"中华人民共和国，中央人民政府，今天成立了！"

1949 年 10 月 1 日 15 时，毛主席用他那带着湖南口音的洪亮声音，向全世界庄严宣告。这句话，通过电波，传遍了神州大地，更传遍了全世界，开启了一个新的篇章。这句话回应了 1840 年鸦片战争以来中国颠簸前行的历史，更回应了 1492 年哥伦布发现美洲新大陆进而出现东西方大分岔以来的全球化趋势。从此，中国的历史，在这一刻，站在了一个新的起点上，开启了新的征程。

1949 年 3 月 23 日，党中央从河北省西柏坡起程前往北平时，毛泽东说："今天是进京的日子，不睡觉也高兴呀。今天是进京'赶考'嘛。进京'赶考'去，精神不好怎么行呀？"周恩来说："我们应该都能考试及格，不要退回来。"毛泽东说："退回来就失败了。我们绝不当李自成，我们都希望考个好成绩。"这段著名的对话，在中国共产党和中华人民共和国的历史上留下了久久不绝的回响。从此，"赶考"成为具有特殊意义和深远历史影响的话题。

那么，"考卷"是什么呢？1945 年 7 月，黄炎培先生①到延安考察，谈到"其兴也勃焉，其亡也忽焉"，称历朝历代都未能跳出兴亡的历史周期律②。他问毛泽东，中国共产党能不能跳出历史周期律。毛泽东表示："我们已经找到新路，我们能跳出这周期律。"

中华人民共和国成立前夕，毛泽东同志说："夺取全国胜利，这只

---

① 黄炎培（1878—1965），江苏省川沙县（今上海市浦东新区）人，教育家、实业家、政治家，中国民主同盟主要发起人之一。他以毕生精力奉献于中国的职业教育事业。1965 年 12 月 21 日逝世于北京。
② 历史周期律是指世界上任何一个国家的政权都会经历兴衰治乱、往复循环呈现出的周期性现象。极端的不公导致社会的崩溃，从而达到新的相对公平，周而复始。

是万里长征走完了第一步。如果这一步也值得骄傲，那是比较渺小的，更值得骄傲的还在后头。在过了几十年之后来看中国人民民主革命的胜利，就会使人们感觉那好像只是一出长剧的一个短小的序幕。剧是必须从序幕开始的，但序幕还不是高潮。""我们不但善于破坏一个旧世界，我们还将善于建设一个新世界。"

新中国不仅要跳出历史周期律，更要求解"李约瑟之谜"（历史上中国为什么由盛而衰）①。的确，1840年鸦片战争以来，仁人志士激情追寻发展良方，洋务运动②、辛亥革命③……中国人民苦苦求索了100多年。中国向何处去？这是一个时代之问。

1949年10月1日，一个新的起点，新的期盼。时光荏苒，弹指一挥间，70年光阴似箭，2019年10月1日就要到了。任何一个经历这70年、见证并生活在其间的人，都会发自内心地感叹：巨变！

70年，呈现太多丰富多彩、波澜壮阔的图景，浓缩发达经济体400

---

① 20世纪中叶，英国著名科技史学家与科技哲学家李约瑟（Joseph Needham，1900—1995）在其编著的15卷《中国科学技术史》中正式提出此问题：前现代社会中国科技遥遥领先于其他文明，为何在现代中国不再领先？为什么科学与工业革命没有在近代中国发生而发生在西欧？1976年，美国经济学家肯尼思·博尔丁称之为"李约瑟之谜"。许多学者把"李约瑟之谜"进一步推广，出现"中国近代科学为什么落后""中国为什么在近代落后了"等问题。对此问题的争论一直非常热烈。中国著名科学泰斗钱学森曾提出著名的"钱学森之问"，与李约瑟之谜一样，同是对中国科学技术和经济社会发展的关怀。早在李约瑟之前，就有许多人提出与"李约瑟之谜"类似的问题。1915年，中国学者任鸿隽在中国最早的科学杂志《科学》第1卷第1期发表《说中国无科学之原因》一文，提出类似的问题，揭开了近代中国学者讨论这一问题的序幕。二十世纪二三十年代，竺可桢等科学前辈，开始认真探讨"中国实验科学不发达的原因""化学肇始在中国何故后世反衰落"等问题，已经提出了与李约瑟之谜极其相似的问题。德国人卡尔·奥古斯特·魏特夫所著《中国的经济与社会》于1931年出版不久就引起中国学者的关注，其中一篇文章《为何中国没有产生自然科学？》开启了李约瑟对中国科技史的研究兴趣。
② 洋务运动，又称自强运动，是指1861年至1894年，清朝政府内的洋务派在全国各地掀起的"师夷长技以制夷"的改良运动，持续了近35年。以李鸿章、曾国藩、左宗棠为代表的洋务派官员主张摹习西方的工业技术和商业模式，利用官办、官督商办、官商合办等模式发展近代工业。
③ 辛亥革命是指1911年10月10日中国爆发的资产阶级民主革命，其目的是推翻清朝的专制统治，挽救民族危亡，争取国家的独立、民主和富强。这次革命结束了中国长达两千多年之久的君主专制制度，是近代中国比较完全意义上的资产阶级民主革命。

多年的变迁史①，展现新中国与全球化互动的经济社会发展史。追昔抚今，人们感慨，无论鸡零狗碎，还是诗和远方，一切都在心中。

70 年，行随心动，正是一部迈向美好生活的奋斗史，正是一部探索美好经济和美好社会的奋斗史！

仰望天空，时光穿梭；低头展卷，70 年的绚丽多彩汹涌而来。

---

① 2018 年 12 月 18 日习近平总书记在庆祝改革开放 40 周年大会上的讲话指出："我们用几十年时间走完了发达国家几百年走过的工业化历程。在中国人民手中，不可能成为可能。我们为创造了人间奇迹的中国人民感到无比自豪、无比骄傲！""历史发展有其规律，但人在其中不是完全消极被动的。只要把握住历史发展大势，抓住历史变革时机，奋发有为，锐意进取，人类社会就能更好前进。"

目录

第一章

生活逻辑

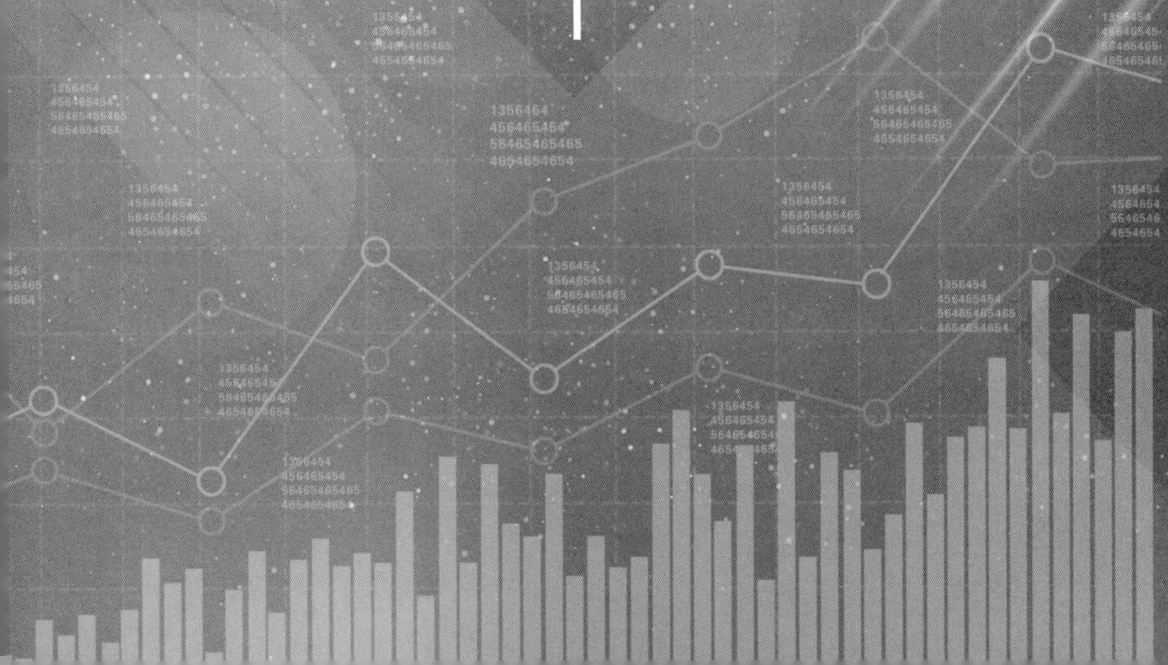

一、 巨变起点：1949

　　1949 年 10 月 1 日，辽宁省岫岩县，在县城郊区的一条马路上，锣鼓喧天，鞭炮齐鸣，一群人在欢快地扭着秧歌，路边的行人也敲锣打鼓地庆祝着。他们高兴、自豪，心里充满着期盼——对新社会、新时代的期盼。他们的心和北京相连，他们知道，此时此刻北京正在举行一场盛大的典礼。早在前几天，人们已经通过各种渠道知道了这一消息。

　　在扭秧歌的人群中，有一个 21 岁的女生（我们叫她"瑞雪"吧），在随人群舞动的同时，心绪飞扬，想象着北京开国大典的场景，充满着对新时代、新社会、新政府、新生活的期盼。"新"似乎意味着确定性，瑞雪确确实实被她所经历的旧时代的不确定性搞怕了，并对那种不确定性充满恐惧。

1928 年出生的瑞雪，童年与青年时代的记忆主要和日本侵略者相关：关于家庭，就是父母如何把有限的粮食千方百计地藏起来，以防被日本兵抢走或被过路的匪军抢走；关于春节，就是家中要用极其稀缺的细面包饺子以及吃饺子，同时要有一人在门口站岗，防止有日本兵或其他人突然过来，防止细面或饺子被抢走。瑞雪童年时代和青年时代的恐惧，映射着人民在那个时代的恐惧，映射出人民对不确定性的恐惧。每一个人都想安定下来，都期盼一个安定的社会。而 1949 年 10 月 1 日北京的这场盛典，终结了战乱，开启了人民对确定性的期盼。确定性，似乎成了当时社会运行的逻辑起点。

当时瑞雪没有想到，也不可能想到，从 1949 年到 2019 年，这 70 年间竟然会发生如此巨变——一个如此翻天覆地的剧变。她没有想到，有一天她会离开岫岩来到沈阳，又离开沈阳来到甘肃，再离开甘肃来到广州。她没有想到，世界上居然有缝纫机那样的东西，居然能在退休的时候看上彩色电视，居然能在 90 岁高龄的时候用微信，和居住在世界各地的家人与朋友联系。

瑞雪记得，小时候每逢过节，家中招待客人需要做一桌子菜。既然是宴客，通常要有鸡有鱼，否则会被视为对客人的不敬。所谓"无鸡不成宴，无鱼不成席"。其实，这讲究的都是好兆头谐音。鸡，大吉（鸡）大利；鱼，年年有余（鱼）。然而，瑞雪也记得，当时家中买不起鸡和鱼，只能将用木头雕刻的鸡和鱼放入盘中，摆在桌子最中间的位置。当时，似乎很多人家都是这样做的。客人自然知道那是木头鸡和木头鱼，也就看看而已。如果客人眼力不好，用筷子动了那木头鸡或木头鱼，主人就极其尴尬了。

鸡和鱼，是当时人们生活中的奢侈品。鸡虽然是人类最早驯化的家禽之一，是人类肉食的主要来源之一，然而在 20 世纪早期的中国，它依然是餐桌上极其稀缺的奢侈品。

瑞雪不知道，就在她出生的那一年，美国总统赫伯特·克拉克·胡佛（Herbert Clark Hoover）[1] 的竞选口号是"每个锅里都有鸡，每个车库都有车"（A chicken in every pot and a car in every garage）。20 世纪早期，尽管美国并没有"无鸡不成宴"之说，但一顿有鸡肉的家宴还是很特别的。大部分美国孩子热切期待圣诞节早晨的到来，怀着能在他们的袜子里发现橙子的期望。对当时的许多美国人来说，橙子是一种奢侈品。[2]

1928 年，已经 38 岁的哈兰·山德士[3]没有想到，两年之后，他在开加油站时，竟然无心插柳般地发明了"肯德基炸鸡"，成为肯德基——世界上最大的炸鸡快餐连锁企业的创始人。而以其本人形象设计的肯德基标志，成为世界上最出色、最容易识别的品牌之一。肯德基连锁店的快速分布，也意味着鸡肉已经在美国脱下了奢侈品的外衣。

哈兰·山德士更不会想到，59 年后的 1987 年 11 月 12 日，中国的第一家肯德基店在北京前门开业。一大群人在雪地里排队近 1 个小时，只为买一块 2.5 元的原味鸡。当时的 2.5 元，可是一个大数字，很多人的月工资也就几十元。那时肯德基炸鸡是一种真真切切的奢侈品，吃肯德基成了特别有面子的事儿。前门肯德基店在当时竟然成为北京旅游的一个景点，成为消费者举办婚礼的餐厅。

不仅在美国，在更遥远的年代，西欧国家已经过上了相对美好的生

---

① 赫伯特·克拉克·胡佛（1874—1964）是美国第 31 任总统，生于爱荷华州，毕业于斯坦福大学，1921—1928 年任美国商务部部长，1929—1933 年出任总统。

② ［美］加里·M. 沃尔顿、休·罗考夫著，王珏等译：《美国经济史》（第 10 版），北京：中国人民大学出版社，2013 年，第 10 页。

③ 哈兰·山德士（1890—1980），1890 年 9 月 9 日出生于美国印第安纳州。1930 年成功研制出肯德基神秘配方。1939 年他被命名为肯德基上校。1950 年开始在美国范围内授权经营。20 世纪 60 年代肯德基店遍布全美各地。1980 年上校辞世。目前全球已有超过两万家肯德基连锁餐厅。

活。"如果你厌倦了伦敦，那你也就厌倦了生活。"18 世纪 70 年代，英国诗人塞缪尔·约翰逊为充满活力的家乡而自豪。"因为生活所能提供的，伦敦都有。"的确，当时的伦敦，可以购买的东西很多。商品样色之齐全、品种之繁多，超出了之前任何时代的人们最天马行空的想象。淑女们和绅士们可以在牛津街选购各类新奇的商品，生意人在咖啡店里边谈生意边消磨时光，穷人们把下午茶当为"必需品"，农妇则为孩子们精心选购钢琴。

1776 年，亚当·斯密出版《国富论》。他把英国称为"小店主国家"，他说这个词的时候，是充满着赞美和自豪的。彼时彼刻，伦敦人民乃至英国人民，正在过着让全世界都羡慕的美好生活。当时，英国汉普郡农场的一个普通雇工，一日三餐的食谱如下：早餐是牛奶、面包和前一天剩下的咸猪肉；午饭是面包、奶酪、少量的啤酒、腌猪肉、马铃薯、白菜或萝卜；晚饭是面包和奶酪。星期天，可以吃上鲜猪肉。工业革命后，英国人的生活更是蒸蒸日上。1808 年英国普通农民家庭的消费清单还要加上 2.3 加仑脱脂牛奶，1 磅奶酪，17 品脱淡啤酒，黄油和糖各半磅，还有 1 英两茶。[①]

1949 年 10 月 1 日，河南省郸城县一个自然村，一个 8 岁的女孩（我们叫她"荷花"吧），从村民的脸上读到了与以往不同的激动。后来，父母告诉她，在北京，新政府成立了，改朝换代了。8 岁的荷花不能理解"改朝换代"是什么意思，但她知道，好像有些新的东西就要到来了。荷花刚刚上完小学一年级，刚上小学时的语文课文《早上起来》《上学去》《先生早》《红花开》《来拍球》《大家看书》《大家画牛》《大家写字》等，她如今还记忆犹新，许多还会背诵。

---

① 张宏杰：《饥饿的盛世：乾隆时代的得与失》，长沙：湖南人民出版社，2012 年，第 2 页。

出生在中原大地的荷花，童年的记忆里没有山峰，没有大海，只有那一望无际的麦浪和比自己高出很多的容易迷路的玉米地。荷花不知道，华北平原是中国的粮仓之一，那一望无际的平原滋养着许许多多的中国人。荷花也不知道，就在她出生的第二年，1942 年 7 月到 1943 年的春天，作为粮仓的河南发生旱灾，又遇蝗灾，3 000 万人受灾，其中300 万人死于大饥荒，数百万人逃离河南。① "有吃的"是荷花父辈和祖辈的最高追求，哪怕吃不饱也行，更遑论吃得好。生存，无论何时何地，都是第一法则。荷花同样不知道，1943 年 3 月，蒋介石的夫人宋美龄登上了《时代周刊》，② 有一句话这样写道："她和中国知道忍耐意味着什么。"荷花更不知道，宋美龄在美国国会发表慷慨激昂的演讲，表达对印度饥荒的同情。更为讽刺的是，宋美龄当时的身份是印度灾荒救灾委员会主任。

在荷花童年的记忆里，常听到家族的祖辈和父辈讲起那次大饥荒，当年谁家还活下来几口人，谁家一个人都没有留下。荷花还听到，谁家买了一块地，谁家想出去挣钱回来买地。荷花常常听人感叹："地，就是命啊！"

荷花并不能理解，土地是人们化解风险的主要途径，无论是天灾还是人祸。说到天灾，河南省是一个靠天吃饭的农业大省。为什么要靠天吃饭呢？一望无际的平原地带，没有什么阻碍，各种气流、气压穿梭而过，遇到气流、气压对撞，就可能发生旱灾或者洪涝。所以，春节期间河南很多家庭大门的对联上，"风调雨顺""五谷丰登"等词语出现的

---

① 1942 年 7 月开始到 1943 年春，河南省发生旱灾。大旱结束之后，又遇蝗灾，由于河南地处前线及下级瞒报、政策失误、交通堵塞等原因，导致饥荒遍及全省 111 个县。111 个县中有 96 个县受灾，其中灾情严重的有 39 个县。

② 宋美龄曾三次登上《时代周刊》。1931 年 10 月 26 日，她同蒋介石一起出现在《时代周刊》。1938 年 1 月 3 日，她同蒋介石被评为 1937 年风云人物，是《时代周刊》首次夫妇获选年度风云人物。1943 年 3 月，宋美龄单独登上《时代周刊》封面。

频率最高，而"花开富贵""财源滚滚"相对鲜见。说到人祸，河南作为粮仓担负着沉重的粮税，河南人民缴完粮税后，剩下供自己吃的粮食就已经不多了。如果天灾和人祸一起出现，那大饥荒就必然发生。

当时，人们有了钱，首先想到的是买地。在农业社会，有了地，就有了吃饭的保障，就有了化解风险的保障，就有了家族传承的保障，"入土为安"一词从侧面说明了这个问题。有钱就买地，把流动资产转换为固定资产，并不是因为人们拙于理财、没有意识到现金的威力，更不是传统社会只有这一静态的财富理念，只是人们太害怕风险。荷花记得，邻居家有人出去做了些生意，挣了些钱，回来就买地。家人还常议论这件事情。世事无常，谁也无法想到，邻居家买的地，未来却为他们家带来了更大的风险。

河南大饥荒留给人们的记忆是极其深刻的，凡是经历过的人，都难以将它从脑海中抹除。人们心中除了对土地的信仰之外，就是期盼一个安定祥和的社会的到来。

关于童年，荷花的脑海里还常常浮现一个词：解放。爷爷、爸爸或者其他家族成年人聚在一起的时候，不时说起某个地方解放了，某个地方还在打仗，哪家的儿子去打仗了，哪家的孩子打仗回来了。"打仗"这个词，荷花是理解的，但她不理解"解放"是什么意思，不过感觉"解放"应该是一件好事情。因为她常常听村里人讲："解放了，就安定了，就能好好生活了！"人们的心中，期盼着确定性。

1949 年 10 月 1 日，荷花听到的消息是：全国解放了，新政府成立了。一个新的时代似乎正在阔步走来。荷花可能想不到，始于这一天翻天覆地的剧变，已经拉开帷幕。只见过马车的荷花更想不到，有一天她会坐上汽车、火车，甚至飞机。

无论是瑞雪，还是荷花，人们都直接或间接感受到，人心思定，一个安定祥和的社会即将来临。她们虽然不知道美国总统富兰克林·罗斯福①在 1933 年 3 月 4 日就职典礼上说过 "The only thing we have to fear is fear itself"（我们唯一恐惧的就是恐惧本身）这句名言，但她们身边人们的所行所想，却展示了这句话背后的社会氛围。

1949 年 10 月 1 日，成了迈向新社会的历史起点。一个充满确定性的社会即将到来。

二、 美好生活：2019

2019 年 4 月 30 日，广州一个居民小区，91 岁高龄的瑞雪静坐在充满阳光的阳台上，看着自己精心浇灌的花儿，心情无比舒畅。明天（5 月 1 日），女儿又要带她出去旅游了，去她向往已久的厦门看"一岛一校一庙一炮"②。虽然已经是一位"90 后"，但她有一颗勇敢的心。她常说："只要女儿敢带我出去，我就敢出去玩。"回想起 90 多年来的生活，真是巨变。刚刚过去的春节，似乎又浮现在眼前。

2019 年 2 月 4 日，广州天河体育中心，一年一度的新年花市正在举行。在广州过年，逛花市不但是传统，更是一种惬意的生活方式。是

① 富兰克林·罗斯福（Franklin D. Roosevelt，1882—1945），是美国第 32 任总统，美国历史上唯一连任超过两届（连任四届，病逝于第四届任期中）的总统。20 世纪 30 年代经济大萧条期间，罗斯福推行新政，从经济危机的深渊中挽救了美国。罗斯福是第二次世界大战期间同盟国阵营的重要领导人之一。
② 指鼓浪屿、厦门大学、南普陀寺、胡里山炮台。

日，瑞雪和家人又一次来到花市，百合、水仙、桃花、杜鹃、富贵竹、蝴蝶兰、君子兰、黄金橘，繁花似锦，无法用语言形容这百花齐放的盛景。花市人流如织，每个人手中都拿着自己合意的鲜花，到处洋溢着喜气洋洋的笑容。虽然已是 91 岁高龄，但逛花市，看繁花，瑞雪依然没有感到疲劳，而是满心欢喜。

瑞雪心中不免感慨，小时候能吃一顿丰盛的年夜饭已经很不容易；现在过年，人们除了吃饱穿暖，还要逛花市，花市成了一道靓丽的风景线。花之美，生活之美，说明人们对生活的向往已经超越物质层面，升华到精神层面。千姿百态的花仿佛述说着千言万语，不同品种的鲜花有着不同的寓意。节日买花送花就有了氛围，走亲访友送花就有了情谊联结点，重要场合摆花就有了气氛烘托。对老人来讲，鲜花曾是年轻时的情感臆想；对普罗百姓而言，鲜花曾是奢侈品。现在，鲜花已经进入人们的日常生活，进入普通消费者的视野。

当晚的年夜饭，非常丰盛：鲜鱼、鲜虾、鸡、牛肉、豆腐、有机生菜、新西兰水果。有荤有素，寓意丰富：大吉（鸡）大利，富富（豆腐）有余（鱼），生机盎然（生菜）。采购年夜饭的原材料几乎没有花费什么时间，孩子们在手机上点了几下，很快就有人送到家里，完全没有以前采购年货那般繁忙。她不禁感慨，这在小时候是完全不可想象的。虽是年夜饭，也是家常饭，只不过菜比往常多一些而已，人们似乎更在意年夜饭的寓意：辞旧岁，迎新年。小时候，过年能够穿上新衣，孩子们就极其兴奋；现在，新衣服似乎已经不再是新年欢庆的载体。春节，就是相聚，就是祝福，人们更追求精神层面的享受。

她突然想起 2018 年，她无比自豪的一年，90 岁高龄的她登上两座天池：2018 年 7 月登上吉林长白山天池，彼时云开雾散，碧波如镜；8 月，又登上新疆天山天池，仰望雪山，晴空万里。自 20 世纪 80 年代中期退休以来，她已经到过很多地区旅游，北京长城、西安兵马俑、河北秦皇岛、四川峨眉山、海南红树林、青岛奥运帆船基地、上海世博会、香港迪士尼、澳门大三巴等。

她是很喜欢旅游的，尽管年轻的时候并没有意识到自己有这一喜好——年轻的时候也不可能有这样的想法和支付能力。她不知道，她的旅游史，恰恰是新中国旅游业成长、发展、壮大的历史。2019 年中国的游客已经主导世界旅游市场，中国旅游业 30 多年来的快速发展，已经赶上甚至超越发达国家旅游业 170 多年的历史。旅游本来是有闲阶级的事儿，本来是奢侈的，并不是生活必需的，但现在似乎成了普罗百姓的日常生活追求之一。

说到旅游业，不得不说说托马斯·库克①。1841 年 7 月 5 日，托马斯·库克包租一列火车，将 570 多名游行者从英国中部地区的莱斯特送往拉巴夫勒参加禁酒大会。这次活动被公认为世界第一次商业性旅游活动，是人类第一次利用火车组织的团体旅游，它是近代旅游活动的开端。1851 年 5 月，第一届世界博览会在伦敦举办。他组织 165 000 多人到伦敦参观展览。1855 年，他组织了从英国莱斯特前往法国巴黎参观第二届世界博览会的团体旅游，这是铁路旅游史上的创举，也是世界上组织出国包价旅游的开端。1899 年，美国经济学家凡勃伦在其《有闲阶级论》中描述，有闲阶级（the leisure class）指有资产、不需要拥有固定职业、生活休闲、以社交娱乐为主的阶级。② 该书描述了当时美国人民生活的一个方面。到了 21 世纪，中国的旅游业爆炸式发展，令人

---

① 托马斯·库克（Thomas Cook，1808—1892），出生于英格兰德比郡墨尔本镇，是近代旅游业的先驱者，是第一个组织团队旅游的人。

② 托斯丹·邦德·凡勃伦（Thorstein B. Veblen，1857—1929），伟大的美国经济学巨匠，制度经济学鼻祖。《有闲阶级论》一如书名所指，是针对有闲阶级的存在而阐明了一个主旨：什么是经济人的本质，社会为什么会产生有闲阶级，"有闲"本身的经济意义是什么。

瞠目结舌。旅游曾经是奢侈的，曾经是有闲阶级的雅兴，如今已经走入寻常百姓的生活，正是"旧时王谢堂前燕，飞入寻常百姓家"①。

曾经作为小学语文老师的她，好像曾经讲解过"丰裕"这个词，不记得当时是否给学生讲清楚了。但现在，鲜花、年夜饭、天池、旅游、有闲阶级，中国社会似乎有了一些丰裕社会的味道。

2019年5月1日，甘肃省白银市一个居民小区，78岁的荷花在女儿家阳台旁边的小菜园里，忙碌地浇着水，阳光灿烂，蜂蝶飞舞。浇完水，就看看植物长得如何，观赏这一生机盎然的景象。累了，就坐下来，休息一下。她想起了小时候以及年轻的时候，在河南平原地带的田野里劳作，那是十分辛苦的，经常感到筋疲力尽，尽管辛勤劳作，但生活依然艰苦，而不像现在，在菜园里劳作成为一种休闲，充满欢乐和惬意。同样的劳作，不同的体验，变化真大啊！想一想自己的童年、青年、中年、老年，70多年的光阴就这样流淌着，喜怒哀乐，柴米油盐，其中很多事情，是小时候想都不敢想的变化，那是绝对出乎意料的。她想起了1986年从河南到甘肃，从平原到黄土高坡，从农村到城市，气候、地貌、生活习惯都发生了变化，30多年过去了，她已经习惯且适应了现在的生活环境。

她想起了青春时期记忆最为深刻的一个词——"超英赶美"②。当时在河南农村，大家可是为此忙活了一阵子。她想起了2019年春节前夕，外地工作的儿子回家时讲：中国的经济总量在2009年就超过了日

---

① （唐）刘禹锡《乌衣巷》：朱雀桥边野草花，乌衣巷口夕阳斜。旧时王谢堂前燕，飞入寻常百姓家。

② "超英赶美"是毛泽东同志1958年前后提出的口号，主要指钢产量15年赶超英国和50年赶超美国两个目标。但后来口号发生了变化，一个响亮的口号屡见报端："大干15年，超过英国，赶上美国。"随之，"人有多大胆，地有多高产""不是办不到，只有想不到"等豪言壮语不断涌现。

本，排世界第二了，早就超过英国了；2018 年中国的经济总量，还是世界第二，已经达到美国经济总量的 2/3，"赶美"正在快速进行中。① 她虽然不知道"经济总量"是什么意思，但她知道，这是件好事情，至少自己从"缺吃少穿"到"丰衣足食"，可充分感受这一变化。她想起当时同龄的女孩子在最爱美的年龄，流传着毛主席的诗句——"中华儿女多奇志，不爱红装爱武装"②；现在，人们的穿着已经是五颜六色、各式各样了。当然，她也想不明白，为什么现在的女生，裤子上就是要破几个洞；而想当年，如果自己的裤子穿了太久，磨破了洞，那是羞于见人的。从被动"破洞"到主动"破洞"，人们的审美观发生了太大的变化。她想起来，儿子曾经说过，女生穿带破洞的裤子，是一种潮流。她不理解，但觉得好玩，世界真的发生了太大的变化。她听儿子讲，现在的城里人喜欢到农村去，摘摘水果，钓钓鱼，吃吃农家菜，有时候还在农家乐住上一两个晚上。现在全国各地的房价都很高，土地很值钱，有些城里人如果在农村有地，就到农村建房。她有些不理解了，当年自己的家庭为了"农转非"③，可是等了很长时间，花了不少工夫；现在，城里人又喜欢到农村去了。真是"三十年河东，三十年河西"。虽然对很多新事物还不太理解，但她真真切切地感受到生活的美好。

无论是瑞雪，还是荷花，抑或经历过这 70 年的人，是否知道这一切是如何发生的呢？1949 年以来，中国人民的美好生活，是如何一步一步实现的呢？这期间，经历了什么样的波澜壮阔、跌宕起伏呢？随着时间的脚步，中国社会分别经历了哪些阶段？这些阶段，又是如何一步

---

① 2018 年全球经济总量为 84.8 万亿美元，其中中国 13.6 万亿美元，占 16%；美国 20.5 万亿美元，占 24.2%；中国经济总量约占美国的 66.3%。

② 毛泽东《七绝·为女民兵题照》（1961）：飒爽英姿五尺枪，曙光初照演兵场。中华儿女多奇志，不爱红装爱武装。

③ "农转非"是指从农业户口转成非农业户口。当时称为"跳农门"，一旦跳跃成功，就可以享受城市优越的福利体制了，这些福利是农村无法享受的。这就是户口的"含金量"。

一步变迁或者演进的？阶段之间是如何进行转换的，是激进式的，还是渐进式的？套用罗斯托的话说，"这一切是怎样开始的？"①

三、　时代回响

历史的前行，不经意间会直接或间接形成时代呼应，其间的必然性有轨迹可循，其前行动力的应然和实然构成了一幅清晰又错落繁杂的图景。图景之轨迹需要我们慢慢追寻。

2012 年 11 月 15 日，习近平总书记在十八届中央政治局常委与中外记者见面时的讲话中指出："人民对美好生活的向往，就是我们的奋斗目标。"这一铿锵有力的声音，刹那间，在神州大地飘荡，有如 1949 年 10 月 1 日那个历史声音的回响。

进入 21 世纪，人们潜意识里一直在寻找一个词来描述当前和未来的状态，既要提炼过去，更要展望未来。"美好生活"这个词，一下子拨动了普罗百姓的心弦。再也没有比"美好生活"更精准的词了。顶层设计和市场力量，过去和未来，都是为了美好生活。美好生活，跨越了时空，展现了 70 年历史的回应。

1956 年，党的八大指出，国内的主要矛盾是人民对于建立先进的

---

① 罗斯托（Walt Whitman Rostow，1916—2003），生于美国纽约，美国经济史学家，发展经济学先驱之一。1939 年获耶鲁大学哲学博士学位。最重要的研究成果是提出经济成长阶段的理论，把社会发展分为必须依次经过的 6 个阶段：传统社会阶段、起飞准备阶段、起飞进入自我持续增长阶段、成熟阶段、高额群众消费阶段和追求生活质量阶段。著有《十九世纪英国经济论文集》《经济增长过程》《经济成长阶段》《政治和成长阶段》《这一切是怎样开始的：近代经济的起源》《世界经济：历史与展望》《1868—1896 年英国贸易的波动》等。

工业国的要求同落后的农业国的现实之间的矛盾，是人民对于经济文化迅速发展的需要同当前经济文化不能满足人民需要的状况之间的矛盾。这是从"无"到"有"、从"少"到"多"的问题。1978 年，那场改变中华人民共和国命运的历史性会议①，提出以经济建设为中心，实行改革开放。1981 年，十一届六中全会指出："我国社会的主要矛盾是人民日益增长的物质文化需要同落后的社会生产之间的矛盾。"以经济建设为中心，就是要解决这一主要矛盾。

2017 年，党的十九大胜利召开，标志着我们进入了中国特色社会主义新时代。党的十九大报告指出："为中国人民谋幸福，为中华民族谋复兴。"新时代的重要体现之一就是社会主要矛盾发生了变化。十九大报告指出："我国社会主要矛盾已经转化为人民日益增长的美好生活需要和不平衡不充分的发展之间的矛盾。"② 美好生活，这是从"多"到"好"的问题，这是一个新起点。社会主要矛盾的重大变化，意味着中国的发展已经发生了跨越式变化。

2018 年 12 月 19 日至 21 日中央经济工作会议在北京举行。会议确定，2019 年要抓好以下重点工作任务：一是推动制造业高质量发展；二是促进形成强大的国内市场；三是扎实推进乡村振兴战略；四是促进区域协调发展；五是加快经济体制改革；六是推动全方位对外开放；七是加强保障和改善民生。促进形成强大的国内市场，这是一个令世人瞩目的信号！贸易兴国，环顾全球发达国家和地区，似乎是一个普遍规

① 1978 年 12 月 18 日至 22 日召开的十一届三中全会，是中华人民共和国成立以来中国共产党历史上具有深远意义的伟大转折，开启了改革开放的序幕。这次会议彻底否定了"两个凡是"的方针，重新确立解放思想、实事求是的思想路线；停止使用"以阶级斗争为纲"的口号，作出把党和国家的工作重心转移到经济建设上来、实行改革开放的伟大决策。会议公报明确指出："我们在明年把工作中心转入社会主义现代化建设并取得应有的成就，将是对建国三十周年的最好献礼。"

② 习近平：《决胜全面建成小康社会 夺取新时代中国特色社会主义伟大胜利——在中国共产党第十九次全国代表大会上的报告》，2017 年 10 月 18 日。

律。促进形成强大国内市场，这意味着，中国已经不仅仅是世界制造中心，更是要成为世界消费中心。

2019 年 3 月 5 日，李克强总理在《政府工作报告》中指出："促进形成强大国内市场，持续释放内需潜力。充分发挥消费的基础作用、投资的关键作用，稳定国内有效需求，为经济平稳运行提供有力支撑。"消费具有基础性作用，居民消费是经济社会发展的强大动力，人民对美好生活的向往，既是目标，也是动力。

其实，自人类出现在地球伊始，就面临着生存问题。人类还存活着，这表明人类能够解决这一问题。至于解决的程度和效果如何，则各有差异。每一代人都希望比父辈生活得更好，都期盼更美好的生活，这是一种信念。怎么实现这一信念呢？靠生产活动能够增值，能够提供更好的产品和服务。没有增值，何来更好？增值，就是经济增长。促进消费和经济增长的良性互动，有助于实现美好生活。

2012 年 11 月 15 日以来，"美好生活"的声音在神州大地上飘荡。这是一种现实世界的追求，也是一种大历史的回应。"美好生活"的理念，起源于亚里士多德①。作为现实主义的鼻祖，亚里士多德不同于其老师柏拉图②以自己假定的理想国衡量现实，他主张从现实出发促进国家的发展。他对人性和理性持怀疑态度，主张法治，而法律来自历史和传统中为人们所遵循和认知的东西，此即历史的理性。在亚里士多德看来，美好生活是指人们在拥有某些生活必需品（如食物和住房）后，

---

① 亚里士多德（Aristotle，公元前 384—前 322），古代先哲，古希腊人，世界古代史上最伟大的哲学家、科学家和教育家之一，堪称希腊哲学的集大成者。他是柏拉图的学生，亚历山大的老师。马克思曾称亚里士多德是古希腊哲学家中最博学的人物，恩格斯称他是"古代的黑格尔"。作为一位百科全书式的科学家，他几乎对每个学科都做出了贡献。其著作构建了西方哲学的第一个广泛系统，包含道德、美学、逻辑和科学、政治和玄学。

② 柏拉图（Plato，公元前 427—前 347），古希腊哲学家，西方哲学乃至整个西方文化最伟大的哲学家和思想家之一。他和老师苏格拉底、学生亚里士多德并称为"希腊三贤"。

经过深思熟虑而选择的生活方式。美好生活是人们努力追求和满足自我的目标，但并不是某种消遣。创造繁荣与实现美好生活，是同义语。亚里士多德是在引导人们选择正确道路的本质。两千年之后的心理学家马斯洛①，提出了人对美好生活的需求层次。马斯洛认为，人都潜藏着五种不同层次的需要，按照重要性和层次性排序，分别是：生理需求、安全需求、社交需求、尊重需求、自我实现需求。

无论学者们如何界定"美好生活"，都牵涉一个关键问题：如何实现美好生活？2017 年 12 月 31 日，国家主席习近平发表 2018 年新年贺词："广大人民群众坚持爱国奉献，无怨无悔，让我感到千千万万普通人最伟大，同时让我感到幸福都是奋斗出来的。"2018 年 12 月 31 日，国家主席习近平发表 2019 年新年贺词："一个流动的中国，充满了繁荣发展的活力。我们都在努力奔跑，我们都是追梦人。""幸福都是奋斗出来的""我们都是追梦人"，这些金句，刹那间传遍神州大地。春风化雨，新年贺词直抵人心。要奋斗，要前行，要追梦。

追梦，我们在路上。路是需要开拓的。阿马蒂亚·森②认为，人们在生活中获得的所有满足，都要求具备相关能力，如做事情的能力，尤其是环境改变时，有能力选择新道路。阿马蒂亚·森"能力方法论"的实质就是，有能力追求美好生活。

---

① 亚伯拉罕·马斯洛（1908—1970），美国著名社会心理学家，第三代心理学的开创者，提出了融合精神分析心理学和行为主义心理学的人本主义心理学。他在 1943 年《人类激励理论》一书中提出了马斯洛需求层次理论。马斯洛代表作有《动机和人格》《存在心理学探索》《人性能达到的境界》等。

② 阿马蒂亚·森 1933 年出生于印度，1959 年在英国剑桥大学获得博士学位，其后先后在印度、英国和美国任教。1998 年离开哈佛大学到英国剑桥大学三一学院任院长。因在福利经济学上的贡献而获得 1998 年诺贝尔经济学奖。其曾为联合国开发计划署写过人类发展报告，当过联合国前秘书长加利的经济顾问。出版了《贫困与饥荒：论权利与剥夺》《理性与自由》《以自由看待发展》《身份认同与暴力》《经济发展与自由》《集体选择和社会福利》《论经济上的不平等》《伦理学和经济学》《自由、合理性与社会抉择》等十几部专著。

追求繁荣是人们普遍的愿望。2006 年诺贝尔经济学奖获得者埃德蒙·费尔普斯①指出，一个社会应该探寻和建立某种经济制度，为成员的共同利益服务；当且仅当一种经济制度允许并鼓励人们追求美好生活时，它才是一种美好经济；美好经济的活力和包容性，来自其调动的草根阶层的想象力和能量。② 可见，美好生活需要美好经济，美好经济带来大众对创新的积极参与并实现大众繁荣，而繁荣的核心就是生活的美好。

大国政治家的铿锵之声，有着理论探索的演绎回应，更有着普通百姓的实践回应。家国互动，铿锵前行。

四、 生活之络

70 年的巨变，是一部梦想照进现实的辉煌历史。在这波澜壮阔的历史潮流中，一朵朵浪花，既铸就了辉煌，又享受着辉煌。每一个微观的消费者个体，就这样，一步一步前行着。

前行之中，我们看到了经济学的力量。经济学，是研究有约束条件下各个微观主体的最大化行为；行动，是心与外部约束条件的互动。人的行为，一定是综合考察各种变量的决策结果。经济学，是研究各种经

---

① 埃德蒙·费尔普斯 1933 年出生于美国伊利诺伊州，是 2006 年诺贝尔经济学奖得主。1959 年获美国耶鲁大学博士学位，是就业与增长理论的著名代表人物，现为美国哥伦比亚大学政治经济学教授。

② ［美］埃德蒙·费尔普斯著，余江译：《大繁荣：大众创新如何带来国家繁荣》，北京：中信出版社，2013 年，第 298 – 320 页。

济变量之间的逻辑关系；经济史，就应该是某时某地所发生的事件中，经济变量之间逻辑关系的梳理。通过变量的关系分析，辨析因果，辨析趋势。这样，回望过去，就能更好地展望未来。虽然时过境迁，但有些逻辑关系是相对稳定的。

历史出科学。如果只是阐述一些史料和碎片化的东西，那是史料文献方面的事情，而不是经济史学。经济史，是面向未来的，是为了未来的生活。

经济变量之间的逻辑关系，很有力量。比如，我们常说，消费者主要解决两个问题：如何挣钱以及如何花钱。这两个问题，伴随着每一个人从摇篮到坟墓的人生过程，直接影响着生命周期各个阶段的美好生活。

挣钱，就是收入问题，就是支付能力问题。如何挣钱呢？那就要看消费者有哪些生产要素可供市场使用。打一份工，谋一份职业，就有了工资性收入；买个房子再租出去，炒股赚点钱，就有了财产性收入；开个小店挣点钱，就有了经营性收入。看一个消费者的支付能力，不仅要看他有多少钱，更要看他的钱从哪儿来，收入有没有多元化，哪种收入占了主导地位，在生命周期的不同阶段收入类型会发生什么变化，哪些收入具有可持续性，哪些会昙花一现。更为重要的是，在未来时期，收入是增长还是下降，面临着什么样的不确定性或者风险。[①] 还需要指出的是，即使消费者拥有生产要素，能不能挣钱，有没有机会挣钱，是光明正大地挣钱，还是偷偷摸摸地挣钱，是羞于言"利"，还是"挣钱就是能力的表现"，消费者的生产要素能不能顺畅地进入市场，市场能不

---

① 美国经济学家奈特的《风险、不确定和利润》，区分了"风险"和"不确定性"。他认为，风险的概率是可以预测到的，可以通过保险等化解方式来转移。而不确定性则是客观概率完全不可知的，利润之所以产生，是因为不确定性的存在，企业家的才能主要体现在如何应对不确定性上。

能很好地定价……所有这一切，就是消费者的收入约束线。

花钱，就是享受美好生活的过程，这是一个意愿问题。如何花钱呢？消费者想消费什么东西，选择什么样的消费组合，有钱能不能买到合意的东西？生命周期不同的阶段，消费的东西有哪些变化，消费是怎样升级的，消费升级是哪些人引领的，消费心理又是如何发生变化的？更为重要的是，不同收入阶段，消费者面临哪些不得不花的刚性支出，这些刚性支出会持续多长时间，刚性支出会发生什么变化？刚性支出，主要由谁承担，是消费者自己，还是社会保障体系；消费者自己支出，需要储蓄积累多长时间？

总之，看消费者的心理路程，从收入、支出、风险、预期等方面综合考量，那是因时而变的。经济学家的使命，就是要提炼消费者因时而变的行为特征，抽象出行为模式。"分析经济形式，既不能用显微镜，也不能用化学试剂。二者都必须用抽象力来代替。"[①] 马克思的科学抽象法，是极具历史穿透力的。把碎片化的历史图景通过科学抽象的逻辑力量，贯穿成一个深邃的思想体系，或者提炼出一种行为模式或若干理论命题，厘清经济变量之间的逻辑关系。碎片化的历史点滴，需要抽象力将其串联起来。从碎片化到整体化，经济学逻辑的力量实在是伟大。[②]

那么，经济学家都抽象出了哪些消费行为模式呢？

1. 绝对收入说

1936 年，英国经济学家约翰·梅纳德·凯恩斯[③]出版了《通论》

---

① ［德］马克思、恩格斯著，中共中央马克思恩格斯列宁斯大林著作编译局编译：《马克思恩格斯全集》（第 23 卷），北京：人民出版社，1972 年，第 8 页。

② 法国年鉴学派在一定程度上呼应了马克思所主张的科学抽象力。费尔南·布罗代尔的《资本主义论丛》刻画了市场这一历史发展动力。

③ 约翰·梅纳德·凯恩斯（John Maynard Keynes, 1883—1946），现代西方经济学最有影响的经济学家之一，他创立的宏观经济学与弗洛伊德所创的精神分析法、爱因斯坦发现的相对论一起被称为"二十世纪人类知识界的三大革命"。

（即《就业、利息与货币通论》）。凯恩斯曾在 1935 年新年致萧伯纳的一封信中说："这本书将彻底改变世界思考解决问题的方式。"凯恩斯在经济学领域做到了爱因斯坦在物理学领域所做的事情，那就是，彻底颠覆全世界所认为的他们已经理解了的永恒机制。《通论》一时间似乎掀翻了古典经济学。作为对 19 世纪自由市场促进经济发展的古典自由主义信念的批判，在 1929 年世界经济大萧条之后，凯恩斯开出药方：通过政府干预，扩大有效需求，促进经济增长。《通论》如同黑暗中的一道闪电，跨越大西洋，传到美国，成为罗斯福新政的圣经。凯恩斯思想的核心在于：经济的关键是货币；由于货币的存在摧毁了经济体系中被古典学派认为能够经常发挥作用的自我稳定机制；所以，需要政府干预以扩大需求。在《通论》中，凯恩斯考察了消费和收入之间的关系，认为居民消费主要由当前可支配收入决定，随着收入的增加，消费也将增加，但是消费的增长量要小于收入的增长量，消费的增长量占收入增长量的比重为边际消费倾向，即边际消费倾向是递减的。边挣边花，现挣现花，有点"月光族"的味道。此即绝对收入说。

2. 相对收入说

1949 年，美国经济学家杜森贝利在《收入、储蓄和消费者行为理论》中提出，消费者过去的消费习惯以及周围的消费水准会影响消费者当前的消费，消费取决于相对收入水平。这样，消费就具有两种效应：一是棘轮效应（Ratchet Effect），即消费者的消费水平容易随着收入的增加而提高，但是随着收入水平的降低，消费水平却不容易下降，这就是我们常说的"由俭入奢易，由奢入俭难"；二是示范效应（Demonstration Effect），即消费者自身的消费水平受到所处环境消费水平的影响，即消费具有模仿性和攀比性。此即相对收入假说。这表明，消费不仅仅是个人的事儿，更是社会的事儿。消费不仅仅要看个人支付能力，更是关乎面子的事儿。

马克思曾经提出，消费是人与人之间社会关系的体现。消费者作为社会中的个体，不可避免地会受到社会环境的影响。经济学理论要想更好地解释经济现实，还需要纳入心理学、社会学理论，考虑消费者的心理、社会特征。

泰菲尔和特纳等在1986年提出社会认同理论。他们认为，个体将自己编入某一社会群体，并且拥有该社群成员的普遍特征，对自己的群体产生认同。在社会生活中，个体以群体的认同存在于社会，并通过认同与他人进行社会交往，这是一种社会特性。

人类学家莫里斯·弗里德曼曾提出，在世界系统范围内的消费，总是对认同的消费。在现实生活中，消费者不是同质的完全理性人，而是有差异的社会人，其消费行为不仅具有经济属性，还有社会属性。消费者具有特定的地位、认同和形象，消费决策不仅受到可支配收入和资源的影响，还出于消费者对自己社会角色和地位的考虑，消费者不仅消费商品和服务，还消费"意义"与"认同"。

其实，早在1899年，凡勃伦就在《有闲阶级论》一书中提出了炫耀性消费，认为消费是受社会竞争和攀比刺激的，炫耀性消费是一种为了证明财富和权力并获得和保持尊荣的消费活动，其有两个动机：一是歧视性对比，即财富水平较高的阶层通过炫耀性消费来使自身与低财富水平的阶层产生身份区别；二是金钱竞赛，是指财富水平较低的阶层通过效仿财富水平较高阶层的炫耀性消费来得到高阶层的身份认同。凡勃伦的炫耀性消费理论，主要研究有闲阶级为谋求社会地位和身份的消费活动。其实，炫耀性消费不只发生在有闲阶级中，社会各阶层都存在这种行为。消费不仅关注商品的使用价值，更注重商品承载的象征价值。炫耀性消费逐渐成为身份认同、阶层流动的重要方式，彰显了消费的经济属性和社会属性。

1976 年，赫希提出了地位寻求说。消费具有经济属性和社会属性二重性，不仅能满足居民基本物质需求，更在一定程度上承载着社会意义和地位属性，个人可以通过消费显示其在社会群体中的社会地位。赫希提出了"地位性商品"概念，地位性商品是一种价值强烈依赖于稀缺性的商品，其稀缺性越高，则价值越大。1985 年，弗兰克对地位性商品进行详细划分。这类消费品通常具有外部显示性，即具有强烈对比性、容易被观测，如汽车、住房、首饰等一些耐用消费品，能够很好地彰显消费者的地位，故被划分为地位性商品。

3. 跨时均衡

1954 年，美国经济学家莫迪里安尼等人认为，理性的消费者会保持各个时期消费的平稳，实现效用最大化，理性地根据一生收入水平来规划消费开支，使消费在整个生命周期内得到最佳配置。与凯恩斯的绝对收入假说强调当期收入与消费不同，莫迪里安尼等人强调从消费者一生中可预期的收入来探讨对当前消费的影响，并将人的生命分为两个时期，前期参加工作并进行储蓄，后期退休进行负储蓄，用前期的消费来弥补后期的消费，以达到整个生命周期的最大满足。从摇篮到坟墓的事儿都要考虑，个人和家庭都是如此。此即生命周期说。

1956 年，美国经济学家弗里德曼认为，居民收入可以根据其来源和持有期限区分为持久收入和暂时收入，持久收入是一种预期内可得到的长期性收入，暂时收入是偶然获得的短期性收入。理性的消费者会根据稳定的持久收入水平而不是根据短期波动的暂时收入做出消费决策，因此居民消费取决于持久收入。短期内，消费会因暂时收入的变动而发生波动，但从长期来看，持久性收入是稳定的，消费也是稳定的，消费是持久收入的稳定函数。此即持久收入说。

在生命周期—持久收入说基础上，研究对象由静态的即期消费转变为动态的跨期消费，演化出了一系列现代消费理论，包括随机游走假说、预防性储蓄假说、流动性约束假说等。

美国经济学家霍尔于 1978 年提出随机游走假说，将理性预期引入生命周期—持久收入说中，得出消费服从随机游走的结论，认为消费行为也是不可预测的。

预防性储蓄说最早可追溯到费舍尔（1956）和弗里德曼（1957）的研究，在 20 世纪 80 年代末 90 年代初获得较大的发展。该理论认为，消费者预期到未来的收入具有明确的不确定性，为了抵御未来收入不确定性带来的风险，平滑一生的消费水平，消费者会减少消费支出并增加储蓄，预期的不确定性、风险越大，消费者越有可能进行更多的预防性储蓄，减少当前消费，将财富转移到未来的消费。这种为了预防未来不确定性导致的消费水平下降而进行的储蓄被称为预防性储蓄。

最早提出流动性约束理论的是弗莱明（1973）和托宾（1971），之后由迪顿（1991）、泽尔德斯（1989）等进行研究拓展。该理论认为，生命周期—持久收入说中，关于个人能够在相同利率水平上进行借贷和储蓄的假定是不符合现实经济生活的，现实经济生活中消费者进行借贷时将会受到限制，消费者不能通过借贷或抵押来应对收入降低的风险，只能通过减少消费、增加储蓄的途径来平滑一生的消费，这就表明了家庭在消费过程中存在明显的流动性约束。一般而言，流动性约束的存在会让家庭增强预防性储蓄的动机，从而使家庭消费减少、储蓄增加。

基于跨时均衡的各类学说都近似于生命周期说。这样，以上经济学家抽象的消费模式，可以划分为三类：绝对收入说，相对收入说，生命周期说。这些消费行为模式，如同是一个个参照系。1949 年以来的 70 年间，中国的消费者，在不同的时期，出现了什么样的行为特征，展现了什么样的美好生活呢？这些行为特征的变迁，背后的动力是什么，变迁会产生什么样的影响和冲击呢？总之，70 年的美好生活是如何开始的，如何变化的，未来又会如何，其中人们又分别经历了什么？我们可不可以这样假设：

1949 年至 1978 年，传统体制下，在生存线上挣扎的城镇居民逐步迈向充满确定性的低收入、低消费的生活状态，享受着全包的单位福利体制，几乎没有什么风险，这是近似于绝对收入说的消费行为。

20 世纪 80 年代，确定性的收入增长，不断加强的单位福利体制，消费平面扩张与升级的示范行为，害怕"钱不值钱"，这是近似于相对收入说的消费行为。

20 世纪 90 年代以后，收入充满不确定性，单位福利体制逐渐解体，消费刚性支出增长，怕未来"没有钱"，需跨时配置资源，这是近似于生命周期说的消费行为。消费者对价格、利率等市场变量更加敏感了，市场经济也就有了微观基础。否则，消费者对利率不敏感，学习宏观经济学的人都知道的"IS–LM"模型①，其基础就不存在了。消费者面对如何挣钱、如何花钱的问题，是极其理性的。消费者从炫耀性消费自然而然地演进到基于生命周期跨时均衡配置资源的消费行为。

进入 21 世纪以后，随着独生子女"月光族"的出现，出现了相对收入说和生命周期说的混合模式，但主流模式依然是生命周期说。

以上这些假设，不能拍脑袋决定，而是应该从人们的消费行为特征

---

① IS–LM 模型是宏观经济分析的一个重要工具，是描述产品市场和货币市场之间相互联系的理论结构。在产品市场上，国民收入决定于消费 C、投资 I、政府支出 G 和净出口 X–M 加合起来的总支出或者说总需求水平，而总需求尤其是投资需求要受到利率 r 影响，利率则由货币市场供求情况决定。一方面，货币市场影响产品市场；另一方面，产品市场上所决定的国民收入又会影响货币需求，从而影响利率，这是产品市场对货币市场的影响。可见，产品市场和货币市场是相互联系、相互作用的，而收入和利率也只有在这种相互联系、相互作用中才能决定。描述和分析这两个市场相互联系的理论结构，就称为 IS–LM 模型。

和碎片化事实中，从收入、支出、风险、预期等方面进行抽象提炼。马克思的科学抽象法是极具历史穿透力的。如果静下心来，认真品读《资本论》，其逻辑的自洽令人拍案叫绝。《资本论》是一部市场经济的百科全书，其科学抽象的逻辑力量是强大的。一花一世界，一木一浮生。套用人类学家克洛德·列维—斯特劳斯的话：所有的食物，从来都不仅仅是吃的，食物教会人们思考；所有的衣服，从来都不仅仅是穿的，衣服教会人们思考；所有的用品，从来都不仅仅是用的，用品教会人们思考。

抽象提炼的逻辑起点就是：消费者与生产者悄然互动，就靠那只"看不见的手"，还有那只"看得见的手"。其实，社会运行，大道理统辖一切小道理，小道理又悄悄地影响着大道理。个人行为和国家战略（政策）直接或间接互动。在不知不觉之间，你能看到更远的过去，也能看到更远的未来。

五、 没有跳跃

有人说，历史是任人打扮的小姑娘，想穿什么花衣裳就穿什么花衣裳，想梳什么小辫子就梳什么小辫子。此话可能有些任性，有点虚无，有些学者式的苛求。古人云：一生二，二生三，三生万物。万物皆有规律，只要认真探寻。

的确，70 年间，无论是平平淡淡，还是波澜壮阔，在无数朵翻腾的浪花下，总有一种力量，无论遇到什么情况，总在前行着。前行的进程中，无数个碎片化的图景，构成了五彩斑斓的历史画卷。画卷背后，这种力量的轨迹连接着每一个微观主体的想法、行动和福祉，每一个人都行随心动，看似杂乱无章，却万物归一，有序前行。再回首，轨迹可循；看未来，轨迹依旧，平平淡淡，从从容容。

70 年的消费之变，逻辑是自然演进的，自然界没有跳跃。我们不能用传统体制下的绝对收入消费行为来彰显改革开放后的相对收入和跨时均衡消费行为的优越，也不能因为后者的演进和美好生活而否定前者。我们欣喜当前的美好生活，但不能忘记 70 年前的逻辑起点。

2013 年 12 月 26 日，习近平总书记在纪念毛泽东诞辰 120 周年座谈会上的讲话中指出："一切向前走，都不能忘记走过的路；走得再远、走到再光辉的未来，也不能忘记走过的过去。"

以党的十一届三中全会为标志，新中国的历史主要分为改革开放前和改革开放后两个历史时期。如果没有 1978 年党的果断决定，并坚定不移推进改革开放，把握改革开放的正确方向，中国就不可能有今天这样的大好局面。如果 1949 年没有成立中华人民共和国并进行社会主义改造和建设，不曾积累重要的思想、物质、制度条件和正反两方面经验，改革开放也很难顺利推进。

马克思在《路易·波拿巴的雾月十八日》中说过："人们自己创造自己的历史，但是他们并不是随心所欲地创造，并不是在他们自己选定的条件下创造，而是在直接碰到的、既定的、从过去承继下来的条件下创造。"我们不能用今天的时代条件、发展水平、认识水平去衡量和要求前人，不能苛求前人干出只有后人才能干出的业绩。

对改革开放前的历史时期要正确评价，不能用改革开放后的成就否定改革开放前的历史时期，也不能用改革开放前的水平否定改革开放后的历史时期。改革开放前的社会主义实践探索为改革开放后的社会主义实践探索积累了条件，改革开放后的社会主义实践探索是对前一个时期的坚持、改革、发展。对改革开放前的社会主义实践探索，要坚持实事求是的思想路线，分清主流和支流，坚持真理，修正错误，积累经验，吸取教训，在这个基础上把党和人民的事业继续向前推进。

历史就是历史，历史不能任意选择，一个民族的历史是一个民族安身立命的基础。总结和吸取历史教训，目的是以史为鉴、更好前进。要牢固树立正确历史观，既不能割断历史，也不能陷入历史虚无观，新民主主义革命的胜利成果绝不能丢失，社会主义改造和建设的成就绝不能否定，改革开放和社会主义现代化建设的方向绝不能动摇。

这是对历史和发展的科学态度。自然界没有跳跃，只有从量变到质变，消费之变更是如此。

第二章

战略路径

一、 农业转型

1956 年夏天，河南省东部地区郸城县，一个村庄的池塘边，一位 16 岁的少年（我们称他为"南树"吧）静静地坐着，望着微微荡漾的水面，思考着未来：初中刚刚毕业，下一步走向何方？作为村里为数不多读书识字的年轻人，是在村里务农，还是能去什么更为广阔的天地呢？

回想初中生活，有快乐，有激情，也有痛苦。初中在相邻公社的集市所在地，离自家的自然村约有 5 公里的距离，周日晚上到学校，周六下午回家，途中劳顿，对年轻人而言，倒不算什么事儿。平原地带，一望无际，仰望天空和无尽的绿野也十分惬意。更何况，学习是一件愉快的事儿，毕竟村里读书的人并不多。

最大的痛苦，在于吃饭问题。星期六回家，星期天回校，要用竹篮子背着未来一周的口粮。口粮，只能来自生产队，而不是来自家庭。上小学的时候，南树的家里有些地，祖辈和父辈们一起劳作。课余时间，南树也会去拔草扶秧，农忙时，南树也会挥镰割麦。家庭经济，自给自足。平日里，他可以吃黄豆面条、红薯面馒头、玉米面馒头，但只有逢年过节时，才能吃到少量的小麦面馒头。杂粮面做的馒头，颜色发黑，被称为"黑面馒头"。小麦面馒头，因其颜色雪白而被称为"白面馒头"。当时，白面馒头可是奢侈品，是一个家庭财富水平的象征。孩子们盼望过年，实际上是想吃白面馒头。此时，虽然从书本上知道南方有水田，可以产水稻，但南树还不知道水稻、大米是什么样子。到上中学的时候，祖辈和父辈们依然一起劳作，但是和更多的人一起劳作，变成生产队经济了，不是自给自足，而是集体生产、集体分配。伴随着这一制度变化，他上学的口粮，也发生了重要变化。但这一变化背后的来龙去脉，他是不清楚的，是懵懵懂懂的。

南树依稀记得，自己刚刚上小学的时候，常听大人们说"打土豪，分田地"。抗战胜利后，党中央为了实现中国人民"耕者有其田"的千年梦想，于 1946 年 5 月 4 日发出《关于土地问题的指示》，开始在解放区给村民各家各户分地。1947 年 9 月，党中央在河北省石家庄市西柏坡村举行全国土地会议，通过了《中国土地法大纲》，宣布实行耕者有其田的土地制度。1949 年 9 月 29 日通过的《中国人民政治协商会议共同纲领》第三条"有步骤地将封建半封建的土地所有制改变为农民的土地所有制"，第二十七条"必须保护农民已得土地的所有权……实现耕者有其田"。南树依稀记得，自己家被划分为中农，被列为贫下中农阶层，而村里有人家因为以前做生意买了几亩土地，被划分为地主或富农。

南树并不知道，中华人民共和国成立后，1950 年 6 月 30 日，中央人民政府根据全国解放后的情况，颁布了《中华人民共和国土地改革法》，随后几年，几乎所有农村家家户户都分到地了。1952 年底，全国大约 3 亿无地或者少地的农民分得 7 亿亩土地和大量生产资料。土地改革前，占农村人口不到 10% 的地主、富农占全部耕地的 70% 以上；土地改革后，则下降为 8% 左右。土地改革前，占农村人口 90% 以上的贫下中农占全部耕地的 30% 以下；土地改革后，则上升为 90% 以上。

南树从大人们的脸上看到了发自内心的喜悦，敲锣打鼓似乎是村里常见的事情。的确，"耕者有其田"①，几千年的梦想终于实现了。土地制度的强制性变迁，极大地激发了人们的生产积极性，释放了极大的土地产能。1952 年，全国粮食产量达到 3 278 亿斤，比 1949 年增长 44.8%。地还是那样的地，人还是那样的人，一个土地产权的激励，的的确确焕发出不一样的精彩。

南树也依稀记得，刚上初中的时候，村里和学校的广播里经常说起"社会主义改造"。1953 年 9 月 25 日，《人民日报》正式公布了由毛泽东同志提出的过渡时期的总路线：要在一个相当长的历史时期内，基本实现国家工业化和对农业、手工业、资本主义工商业的社会主义改造。那时经常听到"农村合作社"这个词，只是他不太清楚，农业社会主义改造是通过合作化运动实现的，在自然乡村范围内，将各自所有的生产资料（土地、较大型农具、耕畜）投入集体所有，由农民进行集体劳动，各尽所能，按劳分配。

---

① 《孟子·梁惠王章句上》："无恒产而有恒心者，惟士为能。若民，则无恒产，因无恒心。苟无恒心，放辟邪侈，无不为己。乃陷于罪，然后从而刑之，是罔民也。焉有仁在位，罔民而可为也？是故明君制民之产，必使仰足以事父母，俯足以畜妻子，乐岁终身饱，凶年免于死亡，然后驱而之善，故民之从之也轻。"孟子提出使"民有恒产"，使老百姓有凭劳动吃饭的基本生产资料，有温饱而衣食无忧，养得起父母妻儿，丰年能吃饱，荒灾之年不至于饿死。从古代晁错、王安石等人提出"抑制豪强"到近现代孙中山提出"平均地权"，都是要实现"耕者有其田"。

　　南树所在的自然村，被分为四个生产队，他家属于第四生产队。这个村和临近两个自然村被划为一个生产大队。一个公社，有 10 多个生产大队。这就是生产队、生产大队、人民公社三级科层式组织方式①。陌生人见面，就会问对方："哪个大队的？哪个生产队的？"由家庭自组织的农业生产，变成生产队组织的团队生产，这一制度变迁的推进是快速的。南树依稀记得，离本村约 5 公里之外的姥姥家也和本村差不多，几乎同时变成生产队了。每年春节的正月初二，他和父母一起到姥姥家拜年，不同村的人见面，总是要交流一下农业生产上的新鲜事儿。

　　生产队属于团队生产，家人在生产队劳动，南树的口粮就只能靠第四生产队提供了。生产队对这位年轻的学生很照顾，通常会保障其口粮。毕竟村里读书的学生比较稀缺，"万般皆下品，惟有读书高"的观念在乡村依然盛行，人们相信"书中自有颜如玉，书中自有黄金屋"，虽然此时人们已经不再认为"学而优则仕"就可以实现"一人得道，鸡犬升天"。

　　只是，生产队为南树提供的口粮，主要是红薯，这是河南平原大地的主要农产品之一。红薯幼苗一旦种下，只要不遇到大旱大涝，就可以自由成长，只需要在其成长过程中翻一次薯秧即可，不需要太多的劳动力投入。所以，无论是团队生产还是分散生产，红薯产出相差不多。而其他的农产品，受团队生产的影响还是比较大的，产出效率充满着不确定性。作为生产队"不劳而获"的学生，所得到的口粮主要是红薯，也就天经地义了。

　　但从周一到周六，几乎顿顿吃红薯，几年下来，南树着着实实感觉到，每多吃一口红薯，边际效用就变为负的了。红薯成了南树记忆中的

---

　　① 科层组织是一种以等级为基础，信息从下向上流动，命令从上向下发出的"金字塔"式结构。科层组织等级原则严格，上下级之间关系明确，各级组织都有严格的权限范围，各级人员都有明确的职责和等级的从属关系。此时的农村合作社主要是指人民公社，生产队、生产大队、公社三级所有，生产队为基础。

恐怖味道。他心中最大的心愿，就是此生不再吃红薯。

夏风吹拂，南树结束了顿顿吃红薯的初中生涯，回到村里，等待着他开拓一个充满希冀的未来世界。

只是南树并不知道，老师和长辈常常讲起抗日战争中那个最终被中国打败了的日本，在20世纪50年代中后期，已基本普及被称为"三种神器"的黑白电视机、洗衣机和电冰箱，其背后，是电力的稳定供应和普及。这位读过书的河南农村少年，不仅没有听说过这些电器，甚至没有听说过"电器""电"这些词——当时河南农村的照明还主要是靠煤油灯。日出而作，日落而息。村里晚上的公共照明，只有月光。每当月圆之时，皓月当空，孩子们就在村里玩耍，或玩捉迷藏，或玩老鹰捉小鸡，或听老人们讲述月亮里嫦娥的故事，大人们则三三两两、有一搭没一搭地闲聊着。每当乌云遮住了月亮，村里则是漆黑一片，到处静悄悄的，人们各在各家，偶尔能听到几声犬吠。冬天的时候，人们早早就休息了，"柴门闻犬吠"常见，"风雪夜归人"鲜见。无论是家庭生产，还是生产队生产，依然是自然经济。

二、 重工发展

就在南树心绪随波而动的时候，生产队长在广播里喊着南树的名字。见到生产队长，他得知了一个令人极其激动的消息，有家工厂到村里招工，让生产队推荐人选。当然，候选人要识字，要读过书，能写字，能用算盘进行计算，还要身体好。这是工业发展的基本人才条件。

学生时代的南树表现优秀：字写得工整，作文写得条理清晰，算盘拨珠如飞。虽然顿顿吃红薯，南树的个子还是很高的，也许得益于家族的基因遗传，家族的男子几乎都很高。

这个招工指标，似乎就是为南树准备的。他的人力资本条件，和招工条件十分匹配。机会总是留给有准备的人的，南树心中不知道该怎样表达这句话，但他潜意识里感觉到，当年家里让他继续读书的抉择是极其正确的。

等招工事宜确定下来，南树才知道，他将去洛阳铜加工厂工作。洛阳铜加工厂为什么要招工呢？南树不知道，也不可能知道。他更不知道的是，他之所以能有这次机会，要感谢国家的重工业优先发展战略。

南树还不了解，中华人民共和国成立时处于农业社会，而世界上有几个国家已经处于工业社会了。他只是偶尔听大人们说，英国、美国等国家的人挺有钱的，他虽不知道"工业社会"这个词，却因缘际会地投身到新中国迈向工业社会的大潮中。

南树也不了解，20世纪50年代初期，毛泽东同志曾忧心忡忡地指出："现在我们能造什么？能造桌子椅子，能造茶碗茶壶，能种粮食，还能磨成面粉，还能造纸，但是，一辆汽车、一架飞机、一辆坦克、一辆拖拉机都不能造。"① 的确，1949年，农业、轻工业、重工业产值比重为69.9：22.1：8，1950年为66.7：23.5：9.8，1951年为61.4：26.1：12.5，1952年为58.5：26.7：14.8。这是典型的农业经济，中国需要整装待发。

南树经常听大人们提起一个叫苏联的国家，这个国家面积很大。上学的时候，老师也多次讲到苏联，说要向苏联学习。在南树心中，苏联

---

① 《关于中华人民共和国宪法草案》，中共中央文献研究室编：《毛泽东文集》（第6卷），北京：人民出版社，1999年，第329页。

是一个神奇的国家。其实就在南树出生前，苏联的确发生了神奇的变化，苏联的重工业优先发展战略取得了极大的成功。从 1928 年到 1940 年的 12 年间，苏联工业增长 35.5 倍，其中重工业增长 9 倍，工业产值占工农业产值的 70% 以上。仅仅用了 10 多年的时间，苏联就走完了西方发达国家上百年的路程，经济实力跃居欧洲首位，成为仅次于美国的第二大工业国。苏联缔造了这样的奇迹，成为新中国的榜样。

新中国需要跨越式发展，既有国际成功经验为榜样，又有内部工业积弱亟待发展的急迫需要。为尽快建立独立的工业体系，以毛泽东同志为核心的党中央选择了"重工业优先发展"战略。新中国的第一个"五年计划"就这样开启了。所以，1954 年的《政府工作报告》明确指出："第一个五年计划的方针是大家已经知道的，这就是：集中主要力量发展重工业，建立国家工业化和国防现代化的基础。"重工业优先发展战略，就这样被正式确定并实施了。这是国家发展的大方向。国家大方向会直接或间接影响人们行为的小方向，家国和人民开始互动了。

南树常常听说，中国和苏联的关系很好，说苏联是我们的老大哥，给了我们许多帮助。还听说，毛主席访问了苏联，签订了《中苏友好同盟互助条约》[①]。的确，老师们常常说，要想把事儿办好，需要天时、地利、人和。南树不知道，他即将去工作的洛阳铜加工厂，就是苏联给予的许多帮助之一，是新中国天时、地利、人和的结果之一。尚处于农业社会的新中国，要发展重工业，在自力更生的同时，也是需要依靠外援的。作为社会主义国家老大哥的苏联伸出了援手。其中，最大的援助就是在第一个"五年计划"（1953—1957 年）期间，苏联对新中国工业

---

① 中华人民共和国与苏维埃社会主义共和国联盟于 1950 年 2 月 14 日签订《中苏友好同盟互助条约》，同年 4 月 11 日起生效，有效期为 30 年。

领域援助 156 个项目①。其中，洛阳有 7 个项目②，洛阳铜加工厂就是其中之一。

南树听老师讲过"洛阳纸贵"这个成语，指写的东西有价值因而流传广；他也听老师说过洛阳牡丹，"唯有牡丹真国色，花开时节动京城"，洛阳是"千年帝都，牡丹花城"。但南树并不知道，由于这些工业援建项目，洛阳正在变成新中国的一个工业城市，成为以郑州为中心的郑洛汴工业区的关键组成部分③。洛阳突然上马如此多的工业项目，一时间人手缺乏，开始招工了。虽然当时通信并不发达，但招工的信息还是很快传到豫东大地，传到这个自然村，传到这个生产队。南树的未来之路，就这样就融入了国家发展战略中，和苏联的援助项目对接，和全球化握手。他就这样实现了"鲤鱼跳龙门"，跳出了农门④，可以实现不吃红薯的愿望，可以几乎顿顿吃白面馒头了。要知道，能够吃白面馒头，那是村里的伙伴们极其羡慕的。

村里的伙伴们知道，城里人天天都可以吃上白面馒头，对城里人而言，白面馒头不是奢侈品，而是日常食品。能从白面馒头是奢侈品的农

---

① 1953 年 5 月 15 日，中苏两国政府签订《关于苏维埃社会主义共和国联盟政府援助中华人民共和国中央人民政府发展中国国民经济的协定》，规定苏联援助中国新建和改建 91 个工业项目。加上 1950 年已确定的 50 项和 1954 年增加的 15 项，共 156 项，列入"一五"计划。1955 年又商定增加 16 项，之后再增 2 项，共 174 项。后多次调整，确定 154 项。因 156 项公布在先，故仍称"156 项工程"。实际施工 150 项。其中，军事工业 44 个，冶金工业 20 个，机械加工 24 个，能源工业 52 个，轻工业和医药工业各 3 个。"一五"期间施工的有 146 项。

② 在苏联援助下，洛阳建成了 7 家大型工厂：东方红洛阳拖拉机厂、黄河冶炼厂、洛阳轴承厂、矿山机械厂、洛阳铜加工厂、洛阳耐火材料厂和高速柴油机厂。

③ 到 1957 年，中国建成了 8 大工业区：以沈阳、鞍山为中心的东北工业基地，以北京、天津、唐山为中心的华北工业区，以太原为中心的山西工业区，以武汉为中心的湖北工业区，以郑州为中心的郑洛汴工业区，以西安为中心的陕西工业区，以兰州为中心的甘肃工业区，以重庆为中心的川南工业区。

④ 这一现象即户口"农转非"：农业户口转成非农业户口。这在当时称为"跳农门"，一旦跳跃成功，那就可以享受城市的福利体制优越性了，这些福利是农村所无法享受的。这就是户口的"含金量"。当时，"跳农门"有三个途径：一是上大学，农村孩子考上大学就变成了城市户口；二是招工，由农民变工人；三是随家人迁移到城市。但因控制得很严，达成指标是很难的。

村，到白面馒头是日常食品的城市，的确是一次飞跃。南树不理解"世界上的水是相通的"这句话，也并不知道中国的重工业优先发展战略改变了他的命运。但南树还是想起了老师常说的那句话——"知识改变命运"。对南树来说，老师就是他观察世界、连接世界的主要窗口。在村里，老师被称为"先生"。村民对先生是极其尊重的。"师者，传道授业解惑也"，每一个村民都有这样的朴素理念。

南树满心欢喜地到洛阳铜加工厂报到。从豫东农村到豫西洛阳，先要步行到县城，再乘汽车到商丘火车站，坐上绿皮火车到洛阳。虽然舟车劳顿，旅途花了两天时间，但他却兴奋得几乎没有睡着。第一次乘汽车，第一次乘火车，虽然还没有到工厂，南树已经感受到工业化的力量。以前出门，主要靠步行，有时候坐一下马车，现在机动车替代了双脚，速度真快，感觉真好。南树心想，火车这么快，不知道飞机会快成什么样子，虽然他只是听说过飞机，还没有见过，甚至不知道乘客是不是坐在飞机的翅膀上。他第一次感受到，机械动力比自然动力厉害多了。

三、 剩余之路

工厂的工作、生活是新奇而令人兴奋的，南树经过短暂的培训就上岗了。前几个月的月工资 10 元左右，但很快，每个月就有 14 元了。听同事们说，当年国家调工资了，企业员工实行八级工资制①，与南树一起新入职的是学徒工，每个月工资14元，如果将来级别上去了，工资就会上涨。一旦工作，就是单位人了，就是社会人了。

每个月发工资的时候，南树是兴奋的。每月的工资主要用来买工厂食堂的饭票和菜票，还有一些日常用品。这样算下来，有些月份还能剩一些钱，南树就将其存起来，过节的时候寄给老家的父母，或者在季节变换时给自己添一件衣服。南树的生活简单而快乐，免费居住在工厂里的单身楼，没有特别感受到收入预算约束线的压力。

但南树常听已经成家的同事尤其是已经有孩子的同事抱怨工资不够用，下个月5号发工资，这个月28号可能钱就花完了，需要煎熬等待一个星期。很多结了婚的同事都有这样的感受。看来，大多数同事都感受到了收入预算约束线的压力。工资为什么这么低呢，为什么不够花呢？

南树和同事在工厂开大会时听领导讲，他们所工作的铜加工厂属于重工业，是国家优先发展的，是苏联援建的。厂领导和工人们都很自豪。

但南树和同事并没有意识到，重工业优先发展，是需要一些基础条件的。重工业是资本密集型产业，需要投入大量资金，建设周期很长，许多机器设备需要从国外进口。可是，钱从哪儿来呢？进口需要的外汇，从哪儿来呢？当时我国这个以农业生产为主的国家，生产剩余少，资本积累低。重工业资本密集的需要和农业经济资本稀缺的现实就构成

---

① 八级工资制是中国企业工人实行的一种工资等级制度。按照生产劳动的复杂程度和技术的熟练程度将工资分为八个等级。苏联从1926年起开始实行八级工资制。我国东北地区从1950年开始实行八级工资制。1952年全国进行第一次工资改革。1956年进行第二次工资改革，全国企业工人都实行八级工资制。1985年开始我国在一部分国营大中型企业试行职工工资总额同企业经济效益按比例浮动的办法，各企业不统一实行八级工资制，而是根据情况确定自己所实行的工资制度。

了矛盾的关键点。这一点，党中央的认识是十分清楚的，并提出了可行的解决方案。

1954年《政府工作报告》说："重工业需要的资金比较多，建设时间比较长，赢利比较慢，产品大部分不能直接供给人民的消费，因此在国家集中力量发展重工业的期间，虽然轻工业和农业也将有相应的发展，人民还是不能不暂时忍受生活上的某些困难和不便。"所以，职工工资低是为了把更多的资金投入重工业，二者是相伴相随的。用经济学术语讲，低工资制度内生于重工业优先发展战略。

1954年《政府工作报告》还说："工业所需要进口的机器大部分需要用出口农产品去交换。"可见，农业的四大贡献（产品贡献、要素贡献、市场贡献、外汇贡献）在重工业优先发展时代就充分体现了。

其实，1951年9月，毛泽东同志起草的《关于农业生产互助合作的决议（草案）》，已提出农业生产合作社是走向农业社会主义化的过渡形式。1952年，全国农业劳动模范到苏联参观学习，对苏联集体化农业的好处极力赞赏，我国农村互助合作运动进入一个新高潮。1953年，是重工业优先发展战略实施的第一年，也是第一个"五年计划"实施的第一年。工业农用原料急剧增加，粮食收不抵支。由于小麦受灾减产70亿斤，粮食供给更加严峻。1953年下半年，粮食形势急剧恶化，党中央认为，农业问题、粮食问题已经成为我国工业化发展道路上的一大障碍，要尽快引导农民通过合作化走向集体化，使农业为工业服务，并对主要农产品实行统购统销①。1956年底，全国加入合作社的农户占全国农户总数的87.8%，1957年底，达到97%。

的确，重工业优先发展是一个系统工程，需要整个产业链条的垂直

---

① 统购统销政策的核心内容是：计划收购，计划供应，封闭市场管理，统一国家管理。其实质是收购价格及数量、供应价格及数量由中央统一规定或经中央批准由地方制定。

一体化。重工业企业是一个大型组织，相应的主要原材料和外汇来源地的农村也需要组织有序，成为一个大型组织。南树不知道，初中时代吃红薯，在一定程度上是家庭生产向合作社生产转变的结果，是内生于重工业优先发展战略的。1955 年《政府工作报告》指出："农业生产供应全国人民的食粮，同时，用农产品作原料的工业产品，在目前又占全国工业总产值的 50% 以上，而且进口工业设备和建设器材所需要的外汇，大部分也是农产品出口换来的。因此，发展农业是保证工业发展和全部经济计划完成的基本条件。我们集中力量发展工业，但决不能够减轻发展农业的意义。没有农业的相应发展，我们的工业化事业是不可能实现的。防止和克服农业同工业的脱节，是我们在建设社会主义事业中重大而又迫切的任务。"

南树更不知道其中的逻辑，现在在工厂里吃白面馒头，也是因为重工业优先发展战略。人生，无论何时无论何地，都与国家战略息息相关。家，国，天下，每一个人就这样前行着。

南树并不知道，他的那些微薄的存款，也为重工业优先发展贡献了微薄之力，正如 1954 年《政府工作报告》指出："鼓励人民以多余的资金存款、储蓄和购买公债……总之，就是努力为国家工业化事业积累更多的资金，并更合理地使用这些资金。"

有一次南树想买一条裤子，却没有买到。不是因为没有钱，而是因为没有足够的布票。他已经熟知，买东西需要钱和票证。没有票证，有钱就只能存起来，这叫"强迫储蓄"。为什么非要票证呢？

他和同事们不知道具体原因。但 1955 年《政府工作报告》给全国人民做出了很好的解释："按照第一个五年计划的规定，在工业基本建设投资中，制造生产资料工业的投资占 88.8%；制造消费资料工业的投资占 12.2%。同时，按照计划，五年内生产资料的产值将增长

126.5%，消费资料的产值则增长 79.7%，因此，生产资料的产值在工业总产值中所占的比重，将由 1952 年的 39.7% 上升到 1957 年的 45.4%，消费资料的产值所占的比重，将由 1952 年的 60.3% 下降到 1957 年的 54.6%。轻重工业投资的比例关系，必须根据生产资料优先增长的原理来决定。"①

南树后来知道，苏联是中国重工业优先发展的先行者和榜样。苏联经济中，消费的位置是比较低的。苏联消费资料占国民生产总值的比重逐渐下降，1928 年为 84%，1940 年为 60%，1944 年为 40%，"二战"之后有所提升，1950 年达到 56%。

重工业优先发展，需要经济系统中的货币剩余集中投入重工业，生产消费品的轻工业发展就要慢一些。消费品少了，要靠货币选票分配，就导致太多的货币追逐太少的商品，价格就会疯涨，就会通货膨胀。为了避免发生通货膨胀，政府规定了消费品的价格标准②，计划价格是不能太高的，也是不能随意变动的。为了相对公平地分配消费品，采取了配给制，按每人每月或每年定量发放票证，要和货币一起使用才能购买商品。

南树体会到计划经济的深刻内涵，无论是生产领域还是消费领域。他看报纸的时候知道，中国向苏联学习，实行计划经济。工厂里的生产就是这样的，生产什么，生产多少，怎样生产，为谁生产，什么价格，原材料采购，都由上级主管部门计划决定③。工厂只管按照计划生产，

---

① 1956 年 9 月 15 日，中国共产党第八次全国代表大会在北京举行。大会指出：国内主要矛盾是人民对于经济文化迅速发展的需要同当前经济文化不能满足人民需要的状况之间的矛盾；全国人民的主要任务是集中发展社会生产力，实现国家工业化，满足人民的经济文化需要。

② 中华人民共和国成立初期，国家对日用品实行牌价制，由国营商业公司公布商品牌价，通过收购和销售，把市价控制在牌价附近。1953 年以后，主要农产品实行统购统销。

③ 1953 年以后，中央政府加强对生产资料的计划管理，由国家计划分配的物资达到 115 种，1957 年上升到 532 种。

保障生产工艺流程顺畅进行即可。南树还知道了第一个"五年计划"，正式实行计划经济。计划经济是对社会产品的配置形式，采取计划生产，计划供应，对单位个人进行计划分配。由于重工业优先发展，消费品供应极为匮乏，为了保障供需平衡，对城乡居民吃穿用等的生活必需品，实行计划供应，按人口定量发行粮票、布票等专用购买凭证，这些凭证就是"票证"。南树见过很多票证，最多的是粮票、布票、食用油票。听结了婚的同事们讲，要用的票证太多了，吃、穿、用都需要。①同事们还说，老干部、高级知识分子、科研人员和有特殊贡献的人，会有一些特供票证。

当时的人们，不仅感受到收入预算约束线的压力，还感受到票证约束的压力。人们消费组合的空间很难扩大，选择的空间很难扩大。令南树记忆深刻的是，到商店去买东西需要看营业员的脸色，既要有钱也要有票证。营业员在柜台里面坐着，有一种高高在上的感觉，好像是她在主宰商品的分配，对于顾客的挑选，十分没有耐心。尤其是每当新进了消费品，大家排队购买，营业员不紧不慢地工作着，顾客也只能慢慢等待，这在当时是一种常态。当然，如果顾客是营业员的熟人亲友或是领导，那就是另一番情形，营业员必是春风满面，笑容满面。在消费品配置领域，顾客的社会资本也发生着作用，也丰富了这个现实世界。

南树不知道，营业员的脸色，内生于消费品的"短缺"。人们购买东西，不仅要花钱，还要花时间成本，货币价格的低变成了非货币价格的高，排队的煎熬，营业员的盛气凌人，都会带来心理的负效用。都是物资短缺惹的祸，只要供不应求，可能就会如此。经济学的逻辑，放之

---

① 票证通常分为吃、穿、用三大类。吃的除了各种粮油票外，还有猪牛羊肉票、鸡鸭鱼肉票、鸡鸭蛋票，各种糖类票，各种豆制品票及各种蔬菜票等。穿的除了各种布票外，有化纤票、棉花票、汗衫票、背心票、布鞋票、棉胎票等。用的有手帕票、肥皂票、手纸票、洗衣粉票、火柴票、抹布票、煤油票，商品购买证、电器票、自行车票、手表票，还有临时票、机动票等。

四海皆准，无论何时何地。

南树想到几年后自己要结婚成家，钱必然不够花，所以，他打算还是要省着点花钱。令他欣慰的是，每个月 5 号发工资，如果 5 号是节假日，就会提前 1 个工作日发；虽然工资低，但绝对是及时足额发放的，不会延迟；只要不犯错误，工作就不会丢，职位是稳定的，工资肯定会有的。虽然，钱仅仅够吃穿用，几乎月月花光①，几乎人人都是"月光族"，但人们并不担心未来。可见，内生于重工业优先发展战略的低工资制度，是充满着确定性的，因而，人们的预期是稳定的。

四、 全包体制

低工资和吃穿用消费品低价格票证配给制，保障了人们的正常生活，尽管消费水平不高。但生活除了柴米油盐酱醋茶，还有很多事儿。低收入勉强够吃穿用，遇上其他事儿，怎么办呢？

南树看到，成了家的同事整天都挺忙的。早上起来，急急忙忙送孩子上托儿所、幼儿园、小学；下午下班，急急忙忙把孩子接回家。这些教育机构都是工厂办的，为了解决工厂子弟的上学问题，如入园、上学等。教育基本是免费的，只需交纳一些书本费、学杂费即可。南树听同事讲，如果孩子考上大学，不但不用交学费，国家还发生活补助金，大

---

① 1957 年《政府工作报告》："在农村维持有吃有穿的生活水平，从全国来看，大约每人每月的平均开支只需要五元，在城市维持同等的生活水平，却需要十元。因此，我们认为，工农生活水平虽然有差别，但是并不过分悬殊，而且工人的劳动生产率比农民高得多，因而在工农生活之间保持一个合理的差别，也是应该的。"

学生衣食无忧，如果省吃俭用甚至还有结余。

至于医疗方面，生小孩就到工厂医院妇产科；职工病了，或者家庭成员病了，就拿着医疗证到工厂医院看病拿药或者住院。在医院的花费，基本都是免费的。医院也是工厂办的，为职工及其家庭成员健康服务。另外，谁家老人仙逝了，工厂退休科的人会到医院或家中帮助处理后事，基本上单位承担。南树感觉到，从摇篮到坟墓，似乎有一条全包的单位福利主义之路。

如果职工结婚，还可以向单位申请住房，虽然住房面积不大，但作为新房还是不错的。房子是工厂建的，所有权是工厂的，工人不需要交租金。房子实物分配，使用权是免费的。住房实物分配，由家庭人口规模、夫妻双方工龄、行政级别及职称级别等一系列参数决定。此时此地，住房货币交易市场，既不可能也无必要。拥有住房的家庭，其居住面积有限，没有剩余面积可以出租，更不可能出售。

教育、医疗、住房，几乎都是单位全包，也是单位必须全包的，毕竟低工资收入，不可能维持如此多的开销。重工业优先发展战略内生出低工资制度，低工资制度内生出全包的单位福利制度，也是具有路径依赖效应的。

南树并不知道，1953年第一个"五年计划"实施之初，国家就开始建立福利制度了。1954年《政府工作报告》说："职工的劳动条件和福利设施也有重大的改善。35个工业部门为职工直接支付的劳动保险费、医药费、文教费和福利费平均相当于工资总额的17%。1953年享受劳动保险待遇的职工已有480余万人，享受公费医疗待遇的国家机关工作人员和教育工作人员已有529万余人，其他中小企业中的职工也多半同企业订有劳动保险合同。国家为职工建筑的宿舍，1953年即有1 200万平方公尺。企业和工会所举办的福利和文化设施也不断地增加。"

有了全包的单位福利制度，只要是单位的人，就可以享受福利。未来的大宗支出，如教育、医疗、住房这些刚性支出，都不需要职工个人操心了。未来还有什么大宗支出呢？可能就是婚嫁了。

有一次，南树参加了一位很要好的同事的婚礼。婚礼简朴而又庄重，参加的人不多，只是一些亲戚好友。新郎推着一辆借来的自行车，和几个伴郎一起拿些糖果，就去迎亲了。自行车是当时迎亲的标配，是彻彻底底的奢侈品。年轻人买不起自行车，不仅因为没有钱，更是因为很难分配到自行车票。当时，如果谁家有一辆天津生产的飞鸽牌自行车①或者上海生产的永久牌自行车②，那是很有面子的一件事儿。但当时，很少有家庭拥有如此豪华的自行车，那可是相当于现代社会汽车界的保时捷或者劳斯莱斯。当时的自行车，很多是单位的。借单位的自行车结婚，领导一般都会批准。如果没有自行车，步行也可以。嫁妆就是一两床被子、洗脸盆、热水瓶等。婚礼不需要请客吃饭，大伙在一起吃点瓜子、糖果就可以了，在主持人的引导下，行礼致意，程序完成，婚礼也就结束了。新房的布置简单而又整洁，大红"双喜"贴在门窗上，颇有喜庆气氛。

婚嫁的花费虽然不多，但也要储备。每月从工资里节省一些钱，积累几个月或一年，应该就可以了。由此看来，职工消费面临的不确定性或风险很小，而且，风险的前瞻期很短。

---

① 天津自行车厂始建于 1936 年，我国自行设计、生产的第一个自行车品牌是飞鸽牌，诞生于 1950 年 7 月 5 日。飞鸽牌自行车以选料精良、工艺先进、骑行轻快、坚固耐用、款式新颖著称，在 1954 年全国首次自行车质量鉴定评比中获第一名，毛泽东同志于 1958 年视察该厂。

② 上海永久股份有限公司创始于 1940 年，生产的永久牌自行车誉满全球。

五、 平面无张

作为家中的长子，南树很顾家。眼看着家中的妹妹也长大了，有一次回家探亲之前，南树想给她买一件衬衣，找了半天，除了白色、蓝色、军绿色的，很难找到红色、粉色、紫色。女孩子的爱美之心，在当时是无法通过服装来体现的。消费升级，当时是很难实现的，消费的棘轮效应存在的基础是脆弱的，或者说不具备。朋友、同事之间很难实现攀比，消费的示范效应的基础也很难具备。

居民的消费基本上同质化，你家的吃穿用和我家的基本相同。城镇职工的消费，基本上是一个同质化了的平面，即使想扩张，也很难实现，不仅没有钱，就算有钱也很难买到东西。

南树及其同事们的工资收入是确定的，是及时足额发放的，虽然工人基本上都是低水平消费的"月光族"，但教育、医疗、教育由单位福利体制全包，未来大宗的刚性支出不多。风险或不确定性是很少的，风险的前瞻期也很短。由此看来，现期收入决定了现期消费，近似于绝对收入说的消费行为模式，这背后是一个生产主导型的社会，这是中国必须经历的一个社会阶段。虽然南树和同事们并不知道，但他们一直在践行着。

当然，南树和同事们也不知道，1945 年"二战"结束之后，美国逐步进入了消费主导的社会。1958 年，美国经济学家约翰·肯尼思·加尔布雷思发明了一个词——"丰裕社会"。他认为，过去的经济学以贫困社会为研究对象，福利国家的经验非常有限，全部历史几乎都是贫困的，因此，传统的经济学家充满了悲观沮丧的情绪。而现在的美国，已进入一个物质丰裕社会。生产的东西不止满足生存需求，而且满足人们不断增长的欲望；不是需求在推动生产，而是生产在创造人们的需求；与其说巨大的生产能力满足需求，不如说是为了解决就业，工人工资的增长又催生了巨大的消费市场，消费者信用的扩张导致需求进一步放大，这又反过来维持着巨大的生产能力。工资、利润的增长以及消费者信用的扩大，必然导致通货膨胀，通货膨胀又倒逼工资增长，就这样相互促进，不断循环。该书描述了"二战"后发达国家经济恢复繁荣的时代。居民开始享受高生产率带来的物质成果，不再需要担心温饱，经济领域的主要任务是创造需求，以赶上不断提高的生产率。

其实，1899 年，美国经济学家凡勃仑就出版了《有闲阶级论》。有闲阶级，是指在经济分工中不直接从事劳动生产，却握着大量财富支配权的社会上层人士。他对富人社会行为的研究颇为辛辣，该书围绕富人因拥有财富带来的优越感及炫耀性消费而写。

南树虽然预想不到丰裕社会，但对未来仍充满着期待。

第三章

自主供给

一、 迈向确定

1. 教学生涯之始

1952 年春节过后，瑞雪已经快 24 岁了。自从断断续续上了 6 年小学后，就一直在家务农，和父亲一起耕地、播种、铡草、掰烟叶、烧烟草，帮助母亲料理家务。从 13 岁起，就学会了做衣服、织线衣、纳鞋底、缝鞋帮，弟弟妹妹的鞋、线衣主要靠她缝制，至于做饭，她更是行家。

中华人民共和国成立以来，奋进的精神激励着每一个人。作为为数不多的能够识字的青年"文化人"，瑞雪对未来充满憧憬，但未来要向何处去还不得而知，毕竟家中收入流断断续续的。中华人民共和国成立以来，经济社会发展的障碍之一就是教育瓶颈，全社会人口文盲率较高，师资队伍严重匮乏。培养师资，是必由之路。

就在春节过后的一天，瑞雪的小学老师来到家中，告诉她和她的父亲：岫岩县城举办了一个简师班，培训半年，就可以当小学老师。更为重要的是，培训免费，只需要候选者有小学文化。

天上突然掉下来免费午餐，这一下子就触动了瑞雪和父亲的心。当然，这一免费午餐的背后是政府买单，天下是没有真正免费的午餐的。当年3月8日，瑞雪就开始了培训生活。老师们充满激情地讲课，学生们如饥似渴地学习，每一个人都对未来期望很高，都想迫不及待地奔向未来。当然，在培训期间，瑞雪依然要为弟弟妹妹做鞋织衣，这些活儿是无法被替代的。吃饭靠精耕细作，穿衣靠家庭手工，这是常态。

当年9月，瑞雪就到岫岩县四道河村小学教书。10月初，瑞雪拿到了第一个月的工资，31.5元。这个数字，被她永远记在了脑海里。从此，瑞雪就有了可持续的收入流。对个人而言，这是一个激动的时刻，一个大的跨越，一个新的起点。瑞雪此刻想起了小学老师，感谢小学老师的推荐，感谢祖母在其小学时代支持她继续读书，否则她不可能读完小学。要知道那是一个"女子无才便是德"的时代，那是一个人人抱着"女孩是别人家的，是泼出去的水"的思想的时代，瑞雪能读完小学，实属不易。从此，生活由不确定性走向确定性，对于美好生活，可持续的收入流显得如此重要。

瑞雪的工资，除了日常消费，主要花在家里。弟弟妹妹已经长大了，上学需要交学杂费，衣服追不上身高必须要换。尽管还是"月光族"，但瑞雪这31.5元的月工资，还是大大缓解了家庭收入预算约束，收入预算约束线大大向右平移，消费组合的选择空间大大拓展了。可见，可持续的收入流至关重要。

1953年5月1日，瑞雪终于被"泼出去"——第一次见到新郎，自己一生的伴侣当时在沈阳铜加工厂工作。婚姻是父母包办的。"父母之命，媒妁之言"，当时婚嫁依循这一"人生游戏规则"。其实，1950年朝鲜战争爆发，全国人民参军热情急剧高涨，瑞雪也报了名准备奔赴朝鲜。但如果奔赴朝鲜战场，就有可能影响婚约的执行，母亲听说后，跑到学校阻止，硬生生地粉碎了她的参军梦想。"忠孝礼义信"，"信"要求遵守社会契约，这是一个家庭的重要社会资本。母亲的契约精神无可厚非，但没能参军便成了瑞雪的终身憾事。儒家理念依然主导了人们的日常生活和行为规范，在一定程度上，儒家的"信"，与西方的社会契约论①，从理念上有诸多相似之处。

"父母之命，媒妁之言"，其实就是"先结婚，后恋爱"。由于婚前信息的不对称，婚约一旦执行，未来的不确定性就可能较大。当然，父母在为儿女选择婚约时，"门当户对"是基本原则。"门当户对"，包含众多的参数和信息，力争消除信息中的非对称条件。这一原则，大大节约了婚姻市场上的信息搜寻成本，节约了婚姻市场的交易费用。当然，婚后夫妻双方的"恋爱征途"，如果能够顺顺畅畅地把爱情转化为亲情，那生活就和谐美满。一旦爱情转化为亲情之路不顺，那生活就坎坷了。这一模式，与现代社会所流行的"先恋爱，后结婚"模式完全不同。婚姻市场的匹配，是一个社会发展的微观基础。至于匹配的效率如何，则没有标准答案。

虽然是新婚，但为了工作，夫妇俩不得不两地分居。虽然想调动，但瑞雪因为学习而耽搁了。由于瑞雪之前上的简师班是速成班，学习不够系统深入，而要给学生一瓢水，老师必须要有一桶水。所以在师资匮乏问题略有缓解之后，年轻老师们的再培训又一次提上了日程。1954

---

① 社会契约是某一社会全体成员就该社会行动的基本准则取得的一致协议。在 18、19 世纪，此概念曾用来解释民族国家的存在。约翰·罗尔斯在《正义论》中重新提出这一概念，并进行修正。其分配公正理论的基础就是某种形式的社会契约。与法律契约不同，社会契约在很大程度上取决于传统习俗的约束力。

年 7 月，瑞雪又迎来一次重要机遇——到瓦房店中专学校进行为期两年的学习。1956 年 7 月，瑞雪中专毕业后被分配到沈阳市苏家屯学校工作，一年后调到沈阳铜加工厂学校。一个完整的新婚家庭正式组建了，柴米油盐酱醋茶的生活从此开始。

2. 入奢不易

夫妻二人的工资，每个月有几十块钱，需要面对的是，每个月每人定量 26 斤粮食、3 两食用油，少量的肉和蔬菜凭票证供应，每人每年 3 尺布票。此外，各自还要照顾各自父母的家庭，因而每个月的工资基本都用光了。还好这是有可持续收入流的"月光族"，他们的小家庭也得以维持正常运转。虽然收入预算约束一直存在（此时不可能存在"财务自由"这个词），但小家庭的规模经济效应还是存在的，毕竟比单身时代要好一些。

1959 年，儿子的降生，一下子打破了平静的生活，收入预算约束骤然紧张。吃的问题，除了定量供应，亲友之间偶尔略有调剂。但如何解决三口之家穿的问题，就要自力更生了。居民可以凭票买到一些布料，如何加工成衣服则考验女主人的能力。手工缝制，是家庭生活必须具备的技能。虽然瑞雪早已会缝制衣服，但是供应三口之家，时间就成了最大的约束。白天要上课，等到晚上批改完作业，家人都睡了，瑞雪就开始纳鞋底或缝衣服，然而时间总是不够用。

有一天，瑞雪听同事们讲，有一种叫缝纫机的机器，缝衣服很快，有些人家买了。瑞雪很是心动，特此抽空从郊区的铜加工厂到市中心的商店看缝纫机，其实最主要的是看看价格。无论何时何地，只要花自己的钱，人们对价格总是敏感的。一台缝纫机 120 元，这在当时是天价，是一笔巨款。如何买到这件奢侈品，就成了瑞雪对美好生活的最大向往。作为"月光族"的家庭，该怎么办呢？

为了未来的奢侈品消费，只能减少当前的消费，只能从牙缝里抠，增加储蓄。这就涉及消费的跨时均衡决策。只不过，这一次，瑞雪是为了奢侈品而减少当前的必需品消费。本来已经低水平的消费，不可能减少太多。在丈夫不知情的情况下，她精打细算，每个月节省 1 元或者 2 元钱，最多的时候可以省 5 元钱。经过 2 年的精心准备，1960 年，她终于买下了心仪已久的缝纫机。

瑞雪不知道，缝纫机有着很多故事。[①] 1869 年，李鸿章访问英国，归国时带回了一架胜家镀金缝纫机，作为礼物送给慈禧太后。在很长一段时间内，胜家（I. M. Singer）几乎成了缝纫机的代名词。胜家是如何做到如此盛名呢？这当然要靠天才的创意。

缝纫机，被科技史学家李约瑟博士称为"改变人类生活的四大发明"之一。1853 年，胜家牌缝纫机在纽约投产，一台售价 65 美元至 150 美元。对于年收入 500 美元的普通家庭而言，这是一件奢侈品。那要怎么销售呢？1856 年，胜家公司的市场营销总监爱德华·克拉克天才式地发明了分期付款：首付仅仅需要 5 美元，让美国家庭先用上缝纫机，以后每月支付 3 美元至 5 美元，3 年内付清。这一跨期消费，大大拓展了市场，开启了消费信贷新时代。

---

① 缝纫机是用一根或多根缝纫线，在缝料上形成一种或多种线迹，使一层或多层缝料交织或缝合起来的机器。缝纫机能缝制棉、麻、丝、毛、人造纤维等织物和皮革、塑料、纸张等制品，缝出的线迹整齐美观、平整牢固，缝纫速度快、使用简便。18 世纪工业革命后，纺织工业的大生产促进了缝纫机的发明和发展。1790 年，英国木工托马斯·山特发明了世界上第一台先打洞后穿线、缝制皮鞋用的单线链式线迹手摇缝纫机。1841 年，法国裁缝 B. 蒂莫尼耶发明和制造了机针带钩子的链式线迹缝纫机。1845 年，伊莱亚斯·豪发明了缝纫机。1851 年，美国机械工人察克·梅里特·胜家发明了锁式线迹缝纫机，并成立了胜家公司。这一时期的缝纫机基本上是手摇式的。1859 年，胜家公司发明了脚踏式缝纫机。1889 年，胜家公司又发明了电动机驱动缝纫机，从此开创了缝纫机工业的新纪元。1940 年，瑞士爱尔娜公司发明了采用筒式底版铝合金铸机壳、内装电动机的便携式家用缝纫机。1950 年以后，进一步发展了家用多功能缝纫机。建立于 1851 年的胜家公司是美国最早开始生产缝纫机的公司。1870 年，美国生产缝纫机的公司有 69 家。1871 年，美国缝纫机年产量为 70 万台。到 1891 年，胜家公司已累计生产 1 000 万台缝纫机，在较长时间内基本垄断了世界缝纫机的生产。

瑞雪的时代，还没有消费信贷，也不可能有消费信贷。居民的货币剩余都要为重工业优先发展做出货币贡献。中国的消费信贷，一直到20世纪90年代才逐步被人们认识、理解并接受，这是后话。

有了家庭的第一件奢侈品，瑞雪的时间约束大大缓解了，半自动手工缝制衣物的效率大大提高了。但生活的最大约束，还是收入预算约束线，钱不够花是常态。尤其是1962年女儿出生，1963年第二个儿子出生，生活越来越拮据。怎么办呢？

有一天，丈夫带回了一双旧手套。瑞雪洗衣服的时候看到它，像发现了新大陆一样。后来她得知丈夫的车间里，有时候有一些手套在使用磨损破旧之后就被扔了。从此，丈夫就带回这些要扔的旧手套。瑞雪利用晚上的时间将其拆成线，再梳理好，用来织线衣。这样到了秋天和冬天，孩子们的保暖就有一些着落了。如何争取消费资源最大化，缓解收入预算约束，这是每一个家庭都要解决的问题。每一个家庭，都为此而各显其能。

当时，养孩子的边际成本是递减的，也是必须递减的。新衣服，老大穿了老二穿，老二穿了老三穿。每一件衣服，都被最大化地利用了，"新三年，旧三年，缝缝补补又三年"。此时的人们，根本不知道"丰裕社会"这个词，"短缺"这个词虽然可能不会表达，但确确实实体验到了。自组织、自我资源配置和配置效率提升，每一个家庭每天都要做这些功课。

瑞雪的五口之家，一个双职工家庭，就这样前行着。谁也没有想到，这个家庭即将迁移到一个遥远的地方。

3. 东离西进

在学习和教学的时候，瑞雪已经知道，1956年之后，中国和苏联出现了很大的分歧。苏联单方面撕毁合同、撤走专家，还逼迫中国还抗美援朝时期购买军备所欠下的债务。中苏关系恶化的同时，美国第七舰队公然进入我国台湾海峡，胁迫周边国家签订条约，结成反华联盟，并在这些地区建立军事基地，对我国东南部形成一个半圆形的包围圈。1962年后，美国在台湾海峡多次举行以入侵中国大陆为目标的军事演习。1964年，美国制定了绝密报告，试图袭击中国即将进行第一颗原子弹实验的核基地。

1964年，瑞雪在学习《政府工作报告》时了解到，"赫鲁晓夫在一九六〇年突然背信弃义地撕毁几百个协定和合同，撤退苏联专家，停止供应重要设备，严重地扰乱了我们发展国民经济的原定计划，大大加重了我们的困难"，"我们欠苏联的各项借款和应付利息共计14亿600万新卢布，已经按期偿还了13亿8900万新卢布，剩下的尾数1700万新卢布，我们已经向苏方提出，用今年对苏贸易的顺差额中的一部分来提前全部还清"。

党中央和毛泽东主席做出了历史回应，一项重大战略决策"三线建设"① 出场了。在国际局势日趋紧张的情况下，为加强战备，逐步改变我国生产力布局，由东向西转移战略大调整，建设重点在西南、西北。1964年至1980年，在属于三线地区的13个省和自治区，国家投入占同期全国基本建设总投资40%以上的2 052.68亿元巨资，400万工

---

① 三线，是指当时经济相对发达且处于国防前线的沿边沿海地区向内地收缩划分的三道线。一线地区指位于沿边沿海的前线地区；二线地区指一线地区与京广铁路之间的安徽、江西及河北、河南、湖北、湖南四省的东半部；三线地区指长城以南、广东韶关以北、京广铁路以西、甘肃乌鞘岭以东的广大地区，主要包括四川（含重庆）、贵州、云南、陕西、甘肃、宁夏、青海等区以及山西、河北、河南、湖南、湖北、广西、广东等区的部分地区，其中西南的川、贵、云和西北的陕、甘、宁、青俗称为大三线，一二线地区的腹地俗称小三线。从行政区划看，一线地区：北京、上海、天津、黑龙江、吉林、辽宁、内蒙古、山东、江苏、浙江、福建、广东、新疆、西藏；三线地区：四川（含重庆）、贵州、云南、陕西、甘肃、宁夏、青海7个省区及山西、河北、河南、湖南、湖北、广西等省区的腹地部分，共涉及13个省区。介于一、三线地区之间的，就是二线地区。

人、干部、知识分子、解放军官兵和上千万民工，在"备战备荒为人民"的号召下，打起背包，跋山涉水，来到祖国大西南、大西北的深山峡谷、大漠荒野，风餐露宿，用血汗和生命，建起了1 100多个大中型工矿企业、科研单位和大专院校。

在甘肃省白银市的一个山沟里，国家决定建设一家铜加工厂，叫作西北铜加工厂。山沟建工厂，平地起厂房，自然需要从全国各地抽调专业人手。瑞雪的丈夫，属于抽调之列，于1969年去了白银市西北铜加工厂。人力资源的计划配置，是重工业优先发展战略的必然要求。由于没有配套的居民住房，瑞雪暂时留在沈阳。这对夫妻又一次两地分居。1970年，瑞雪拖家带口来到西北铜加工厂，当然一起到来的还有那台奢侈品缝纫机。之后，瑞雪到工厂的子弟小学工作。

新环境，新生活。与工业化发展相对成熟的东北，西北地区还是有些落后的，尤其是一家山区的新厂。医院、学校、幼儿园、食堂、邮局、理发店、电影院等，这些都需要配套建设。由于工厂建设先行，生活配套滞后，瑞雪来到西北之后的生活，需要更多的自我供给。砸煤块，生火炉，缝制衣服，尤其是要喂饱3个正在长身体的孩子，从早忙到晚。时间约束，货币约束，票证约束，又一次让瑞雪为难了。1971年，这个家庭的第二个女儿出生了。这个六口之家更加热闹了，货币约束也就更加严峻了。好在孩子们逐渐长大，可以分担一些家务。

20世纪70年代中期，瑞雪听同事讲，有一种叫"的确良"的面料非常走俏。那是一种化纤布料，挺括不皱，结实耐用，还能印染出鲜亮的色彩。当然，价格比棉质布料要贵不少。当时，拥有一件"的确良"衬衫或裙子，就是身份的象征。的确良，是奢侈品。爱美之心人皆有之。大女儿十多岁了，也到了爱美的年纪。买上一件"的确良"，成了大女儿心中美好生活的象征。这不是消费升级，只是消费的平面扩张。

瑞雪还记得，伴随着 1961 年毛主席的诗句"中华儿女多奇志，不爱红装爱武装"，女孩子们的服装颜色就在军绿色、白色、蓝色中变换了。现在，想穿一件"的确良"，丰富一下色彩，需要储蓄近半年。消费的平面扩张，不容易。

二、 集体生活

1. 集体经济

1958 年，荷花已经 17 岁了，每天按照生产队的安排，日出下田，日落而息。对乡村的女孩子来说，会做女红至关重要。女红，也称女事，指女子所做的针线、纺织、刺绣、缝纫等工作及其成品。荷花也早早就学会了缝衣、纳鞋底、缝鞋帮，还学会了用棉花捻线穗、用手动纺车纺线、用手动纺织机织布，每天忙得不亦乐乎。自己织布，是农民的自然选择。毕竟，当时在农村，货币还是很稀缺的，多是实物交易。

在宋末元初，黄道婆[①]已经大大改进纺织技术，现在，上海是中国的棉纺中心。20 世纪中期的中原大地，农村单个家庭还在用单锭手动纺车。只是在织布时，几家联合使用织布机。荷花不知道，20 世纪 20 年代，日本丰田公司的自动纺织机，已经远销欧洲。

心灵手巧的荷花，有一项专用性人力资产：裁剪衣服。亲朋好友以

---

① 黄道婆（1245—1330），松江府乌泥泾镇（今上海市徐汇区华泾镇）人。宋末元初著名的棉纺织家、纺织技术改革家。由于传授先进的纺织技术及推广先进的纺织工具，受到百姓敬仰。在清代被尊称为布业始祖。

及邻居织好布后，常常会来找她量体裁衣。服装的样式已在心中，一接过布，荷花手中的剪刀飞舞，过了一会儿，裁剪工作就完成了，邻居亲朋只需拿回去自己手工缝制就可以了。哪些是衣身，哪些是袖子，哪些是口袋，荷花都交代得清清楚楚。当然，这些工作都是免费的。乡村里，亲朋好友之间互帮互助，是一种风险化解机制，是共克时艰的微观基础。一个人，不可能脱离社会而独自生存。今天你帮我，明天我帮你，人情社会具有了符合经济理性的微观基础，尤其是婚丧嫁娶时，更需要众人帮忙。

1958 年夏初的一天，已经嫁到邻村的堂姐急急忙忙跑来告诉荷花一个好消息：生产大队（队部在邻村，生产大队下属三个自然村）刚刚组建的幼儿园缺一位老师。堂姐推荐了荷花。这在一定程度上说明，家族成员之间的互助是很重要的。宗法力量，是经济社会运行的组织力量之一，也是化解风险的途径之一。

生产大队为什么会组建幼儿园呢？荷花不知道，1959 年《政府工作报告》是这样说的，"第二个五年计划的第一年，即 1958 年，出现了一个我国历史上前所未有的国民经济的大跃进"①，"在工业方面，我们在优先发展重工业、重工业和轻工业同时并举的方针下，实行了以钢为纲、全面跃进。钢是目前工业生产和基本建设中最重要的材料，我国钢产量的不足，妨碍着整个国民经济的发展。因此，我们在 1958 年动员全民的力量增产钢铁，使钢产量由 1957 年的 535 万吨增长到 1 108 万

---

① 1959 年《政府工作报告》指出："拿钢来说，英国早在 1880 年，年产量就已经达到 131 万吨，到 1935 年，年产量才增加到 1 002 万吨。我国的钢产量在 1952 年是 135 万吨，到 1958 年就增加到 1 108 万吨。这就是说，在钢产量上，英国走了 50 多年的路，我们只花了 6 年。拿煤来说，英国早在 1854 年就已经能够生产 6 570 万吨，同我国 1952 年生产 6 649 万吨的水平大体相等。经过了 50 多年的时间，到 1907 年，英国的煤产量才增加到 2 亿 7 千万吨，而我国也只花了 6 年的时间，就在 1958 年达到了这个水平。英国的煤产量在 20 世纪初期曾经两次接近 3 亿吨，但是，最近 20 多年来，一直处于下降和停滞的状态，到 1958 年只有 2 亿 2 千万吨左右，已经落在我国的后边。"

吨。钢产量的跃进直接促进了煤炭工业的跃进，并且造成了机械工业以及其他工业同时跃进的条件"。

在农村，大跃进的微观基础是人民公社。[①] 在乡村，以钢为纲，也是全面推进的。各家各户的锅，乃至几乎所有的金属品都被集中起来。农业合作社也全面推进，其中一个重要的方面，就是集体劳动，吃大锅饭。如果碰到一些大生产或者兴修水利工程，大规模的劳动力需要异地劳动，那么，孩子的抚养就成为一个问题。其解决方法就是集体抚养，这样一来，组建幼儿园也就水到渠成了。大跃进的红利，通过幼儿园分配到荷花身上。于是，她高高兴兴地到幼儿园报到了。

荷花并不知道，1960 年《政府工作报告》说："全国农村在一九五八年下半年普遍地实现了人民公社化[②]……适应于生产集体化程度的提高，农村生活的集体化也有了很大的发展，普遍地举办了公共食堂、托儿所、敬老院等集体福利事业，普遍地实现了家务劳动的社会化，使成千成万的家庭妇女从家务劳动中解放出来，参加社会生产……使老有所归，使儿童得到更好的教养，使广大农民的生活普遍得到保障。"

村民们一起吃食堂，大家兴高采烈，感觉真的进入共产主义了。开始大家都吃得饱饱的，感到很幸福。但过了不久，问题就出现了，食堂的粮食供给不足。由于在大跃进中不断宣传"高产卫星"，其结果就是要上缴更多的粮食，以致村里的粮食所剩不多。最后，食堂就只能定量分配，每人每顿一个馒头。再到后来，每个人就只能每顿一碗稀饭。后

---

① 1957 年 11 月 13 日，《人民日报》发表社论，提出了"大跃进"口号。1958 年 5 月，党的八届二次会议通过了社会主义建设总路线，号召全党和全国人民争取在 15 年或者更短时间内，在主要工业产品的产量方面赶上和超过英国。在农村普遍建立人民公社，农业上提出"以粮为纲"，不断宣传"高产卫星""人有多大胆，地有多大产"。

② 1960 年《政府工作报告》说："农村人民公社是在高级农业生产合作社的基础上发展起来的，它的规模比高级农业生产合作社大得多。1958 年初全国有 74 万多个高级农业生产合作社，现已经合并改组成为 24 000 多个人民公社，平均 1 个人民公社拥有 64 000 亩耕地、5 000 农户、10 000 个劳动力，相当于高级农业生产合作社平均规模的 30 倍。"

来，稀饭变得越来越稀，几乎变成清水。吃不饱的人们，开始感到头晕眼花了。

荷花比较幸运。因为人们知道，再苦不能苦孩子，所以幼儿园孩子们的口粮，是优先保障的。幼儿园的老师，也沾了孩子们的光，基本上都能吃饱，当然不可能期望吃好，但不至于面黄肌瘦、头昏眼花。任何政策，无论何时何地，都是利益的分配书，有人受益，有人受损。

当时的农民，不仅要化解自然风险，还要化解决策风险。如果自然风险和决策风险共同出现，二者的协方差就不为零了，风险就相互强化了。于是，饥饿就这样发生了。诺贝尔经济学奖获得者阿马蒂亚·森的《贫困与饥荒：论权利与剥夺》① 一书中，有一句很经典的话："饥荒意味着饥饿，反之则不然；饥饿意味着贫困，反之也不然。"他认为，要想彻底弄清饥荒的形成机制，必须仔细分析不同的社会经济因素如何影响不同的社会经济群体，进而导致灾难性的后果；饥荒不仅源于食物的缺乏，更源于食物分配机制的不平等。阿马蒂亚·森的权利分析方法，让全世界感到惊诧。②

1959 年，荷花 18 岁，到了婚嫁的年龄。还是那位堂姐，给她介绍了一门亲事，就是堂姐所嫁村庄里那位到洛阳铜加工厂工作的青年（南树）。在村里，荷花的家族算是比较大的。堂姐在同辈份的家族孩子中，懂事早，办事能力较强，在她心中，有着各种婚姻市场匹配的参

---

① ［印度］阿马蒂亚·森著，王宇、王文玉译：《贫困与饥荒：论权利与剥夺》，北京：商务印书馆，2001 年。他曾为联合国开发计划署写过人类发展报告，当过联合国前秘书长加利的经济顾问。

② 阿马蒂亚·森对饥荒问题的兴趣源于个人经验。他亲身经历了 1943 年孟加拉大饥荒，该饥荒造成 300 万人死亡。他认为，这是完全可以避免的。通过考察诸多重大饥荒的环境条件和形成机制，他指出，在许多饥荒实例中，食物供应能力实际上并未显著减少；相反，正是另外的社会和经济因素，如工资降低、失业、食物价格腾贵、食物分配系统崩溃等，造成了社会中某些群体陷于饥饿。饥荒并不是没有粮食，而是饥饿的人有需求而无消费，这些人的粮食消费权利被剥夺了。这些人多是无钱无权的底层民众。

数。南树高大清秀，有文化，更为重要的是，每月有可持续的收入流。人类社会脱离了尚武时代后，在婚姻市场，收入流似乎一直是男人的资本，是婚姻市场一个重要的参数。精明的堂姐，自然知道"肥水不流外人田"，就把南树介绍给了堂妹。一个在豫西的洛阳，一个在豫东的郸城，鸿雁传书，内附照片，虽然未曾谋面，还是达成了初步的婚约意向。

到了1961年，村里的食堂终于支撑不下去了。各家各户只能各自生火做饭，虽然还是集体劳动、集体生产，但分散消费、分散生活。因而，大规模的劳动力异地迁移条件也就不具备了，孩子也就回到各自的家中，幼儿园只能解散。

可见，马克思是对的：只有物质生产的极大丰富，才有可能实现共产主义。人民要想生活得好，必须生产得好。生产决定分配、交换、消费，这一原理着着实实地发挥着作用。当时，农村的食堂和幼儿园，相当于提供了全包的生产大队福利体制。显然，这是不可持续的。在当时的农村生产条件下，短期有可能，长期是不可能的。更为重要的是，农村生产是为工业化尤其是重工业优先发展战略服务，是需要提供产品贡献、要素贡献和外汇贡献的。农村全包的福利体制，相当于吃掉了农业产出剩余，这是与国家战略相悖的。所以，荷花眼看着食堂起；眼看着食堂宴村民，眼看着食堂散，眼看着幼儿园起，眼看着幼儿园聚儿童，眼看着幼儿园散。但对其背后的逻辑，她并不能理解。马克思说过，经济基础决定上层建筑，上层建筑反作用于经济基础。合作社、大食堂，这些上层建筑已经大大超越经济基础，因此不可能持续下去。

幼儿园解散，因大跃进而享受红利的荷花也只能回到村里生产队，白天集体劳动，晚上纺线织衣。各个家庭，如何谋划自己的生计，也只能各显神通。

荷花有个小她 4 岁的弟弟,这位弟弟有一项专用性人力资产:用网撒鱼。在大河里,在池塘中,弟弟总是能够准确地判断哪儿有鱼、哪儿没有鱼。这是长期实践经验积累的结果。弟弟帮助生产队撒鱼,常常能够分得一条或者两条,改善一下家中的伙食。有时候,弟弟跑到离村较远的大河撒鱼,能够偶尔改善一下生活。这条大河,没有明晰的产权界定;如果有了产权界定,弟弟是不敢去撒鱼的。大河似乎是一片公地,但只有具备特殊技能的人才能从中获得资源。不可替代的特殊人力资产,总能带来红利。可见,向自然界讨生活,权利和能力,也是一样都不能少。自然经济,依靠的是经验科学。工业经济,依靠的是实验科学。城乡发展的差异显而易见。

集体生产,分散生活。但分散也是有约束的,农民受户籍限制,不能随意去城里。城市经济的重工业优先发展战略,已经内生出低工资收入与全包的单位福利制度了。农民在单位福利体制之外没有生存空间。

2. 两地生活

农历 1961 年腊月二十八,南树回到家乡。春节回家,既是为了过年,更是为了和荷花见见面,毕竟"鸿雁传书"两年多了,需要双方见面并把婚约确定下来。荷花的堂姐,即双方的媒人,第二天就把南树及其家长带到了荷花家。在乡村,媒人是很重要的,是婚姻市场匹配不可或缺的中介。即使两情相悦,也需要媒人正式出面,与双方家长沟通。尤其是家长有某些不好当面讲的话语时,媒人的信息传递就显得至关重要了。在多数情况下,媒人是免费工作的。这是关系型社会分工的一个重要角色。

荷花和南树见面,双方都很满意,双方家长也很满意。其实,大家书信沟通已久,见面确定婚约也是水到渠成。于是,当天二人就去公社办理了婚姻登记手续。大年三十,荷花就出嫁了,毕竟南树春节回家探亲的假期很短。大年初二，荷花和丈夫欢欢喜喜地回娘家，既是给家人拜年，又是新婚回娘家。第一次以已婚者身份回到这个自己生活了20年的家，荷花很兴奋，人还是同一个人，但身份变了，态度变了，情感也很微妙地变了。人类的婚姻制度设计真是奇妙，能够通过身份的转换赋予个人不同的情感和不同的责任。春节过后几天，南树就回到了洛阳。新婚夫妇开始了两地分居的日子。

荷花生活在婆婆家，生活状态和在娘家差不多，只是空间发生了变化，从一个村到另外一个村。白天集体劳动，晚上纺线织衣，为丈夫，为自己，为婆婆家人，也为娘家人。当时的中原大地，村和村之间呈现出同质化特征，生产模式相似，生活模式相似。

在人类历史长河中，婚姻制度几经变迁，最终会形成女方到男方家生活的主流模式，一定是物竞天择的结果。女性的适应能力应该比男生强，女性的语言天赋、沟通能力、耐心以及隐藏内心想法的能力，应该也是比较强的。荷花很快适应了婆家的生活，也很快和婆家大家族中的各个家庭建立了联系，还和邻居有了初步的交流。新家庭，新气象，荷花很快就打开了新局面。由于南树每年最多只能回来探亲一次，夫妻双方又开始了"鸿雁传书"的两地生活。这在当时，也算是城乡联系的常态。

有一年春节，南树因工厂有紧急任务，不能回家探亲，就给家里寄了过春节的费用——5元钱。汇款单是由人民公社邮政所的邮递员骑自行车送到村里的。邮递员对荷花家的地址很熟悉，因为每年都要送几次信。这一次，既送信，又送汇款单。每次来信，邮递员一喊名字，邻居就知道荷花家来信了。这一次，邻居同样知道了，还看到汇款单，内心极其羡慕。

5元，对当时的村民而言，那是一笔巨款。那时，乡村经济是典型的"年光"经济，村民是典型的"年光族"。自然经济是实物经济，很难见到现金。向自然界讨生活，可以淘到实物，但很难淘到现金，因为没有市场交易，实物难以变成货币。5元钱，可以大大拓展家庭的收入预算约束线，消费的组合空间骤然扩大。选择范围的扩大，就是福利的增加。当时，村民生活的最大约束，还是收入预算约束。与城里人不同，村民的收入预算约束，既有实物收入约束，也有货币收入约束。

如果谁家能有来自外部的现金收入，那这个家庭在村里的社会地位就会很快提升。荷花家在村里的社会地位，具备了坚实的货币基础。货币对于美好生活是极其重要的。

其实，这是城乡经济联系中为数不多的城市反哺农村的路径之一。农业发展服务于工业化，是需要提供产品贡献、要素贡献、市场贡献和外汇贡献的。为数不多的在城里工作的职工，逢年过节，会给农村家里寄钱，资金于是流到了乡村。当时的农村，如果没有外源性的资金流入，很难实现消费平面扩张，更不用奢谈消费升级。

南树作为家中的长子，很是顾家。两个妹妹、一个弟弟的婚事，完全依靠他在微薄收入中精打细算后的货币结余。一个家庭成员能够可持续地给农村家中邮寄回现金，那么这个家庭应对未来大宗支出的压力就大大缓解了。但对于大多数村民而言，他们并不具备这样的条件。很多人家，多少年来一直住在村里，最多就是到邻村走走亲戚，赶赶集，很少出门，甚至有些人一生都没有到过县城。

3. 豪情西进

从1964年开始的"三线建设"的涟漪，1966年荡漾到洛阳铜加工厂，国家需要从全国抽调人员到甘肃省白银市建设西北铜加工厂，南树响应号召，来到了黄土高坡。从洛阳坐绿皮火车，走陇海线到兰州，乘两个多小时的汽车，一路山路盘旋到白银市，再乘马车到达西北铜加工厂。一路颠簸，却也豪情满满。南树不知道，在日本，1965年私家轿车达到170万辆，老百姓拥有私家车的时代已经到来。他更不知道，1964年10月1日东京奥运会前夕，新干线开始通车运营，第一条路线是联结东京与新大阪之间的东海道新干线，这条路线是全世界第一条投入商业运营的高速铁路系统。

和南树一样，来自全国各地的人，汇聚到山区，他们挥汗如雨，建设新厂。工厂有13个车间，分布在不同的山沟里，分工负责铜加工的各个环节，按照垂直一体化的流程进行协作。

这一次，夫妻两地生活的空间距离更加遥远了。1967年，荷花带着3岁的儿子，到西北铜加工厂探亲。此时，户籍就是壁垒。农村户籍的荷花，不可能随迁到工厂里，除非能够争取到"农转非"（农业户口转非农业户口）的指标。她只能临时住工厂，丈夫在工厂单身楼临时找到了一间房子。然而，最麻烦的事情就是到公共卫生间解决个人问题，尤其是冬天寒冷的夜里。荷花不知道，在日本，1965年装有冲水马桶的房屋已达143万户，日本人的梦想就是想住进新建的住宅小区。

荷花每天的重要工作就是做饭和洗衣服。一家三口的衣服，都要用手洗，然后晾在单身楼下的绳子上。荷花不知道，世间还有洗衣机这个东西。她更不可能知道，在遥远的日本，洗衣机早已进入普通家庭。荷花只是依稀记得，当年在幼儿园工作的时候，经常听说"超英赶美"这个词，只知英国家庭、美国家庭生活很方便，至于如何方便，不得而知。

有一次，工厂里的一个人看到她洗衣服，就问："你为什么每天都洗衣服啊？"荷花很奇怪他为什么这么问，就说："衣服脏了就要洗呀。"那人说："那不就把衣服都洗坏了吗？我们一年都洗不上几次衣服。"荷花突然明白了，原来河南中原大地和西北黄土高坡的人们关于洗衣服的理念有着如此之大的差异。不过，这个人不仅看到荷花洗衣服，还看到来自北京、上海、江苏、安徽的人也洗衣服。于是，慢慢地，他也经常洗衣服了。

"三线建设"，不仅仅是项目在西部地区建设，不仅仅是资本和劳动力来到西部地区，更是把全国各地的生活理念和消费理念汇集融合到这里。文明的传播，有时候是看不见摸不着的。"三线建设"本意是"备战备荒"，却也出其不意地推进了西部地区的现代化进程。其实，一个经济体的发展，就是要有人气，要有人来。人是生产力中最为活跃的要素，这是千真万确的。同时，随着不同人群的到来，各种风味的饮食也随之而来。"三线建设"，显然有了外部效应。从区域协调发展的角度讲，"三线建设"就是新中国的第一次西部大开发。人们虽然不知道大推进理论①，"三线建设"却着着实实是大推进理论的具体实践，尤其是促进地区协调发展的具体实践。

1968年女儿出生后不久，荷花就带着两个孩子回到河南老家。当时，子女的户籍随母亲，都在河南农村。三个非户籍人口的口粮，在西北铜加工厂很难解决。已经是两个孩子爸爸的南树，也无法解决这一问题。

回到农村，荷花继续着此前的生活。已经当了爸爸的南树，继续着"月光族"的生活，这一生活和在洛阳铜加工厂时基本类似。虽然经常有政治运动的冲击，但每个月的工资和全包的单位福利体制，还是稳定着工厂里各个职工的心。日子就这样前行着，钱不够用、买不到东西这

---

① 大推进理论（Theory of the Big-push），是英国著名发展经济学家罗森斯坦·罗丹（P. N. Rosenstein-rodan）于1943年在《东欧和东南欧国家工业化的若干问题》一文中提出的。其核心是在发展中国家或地区对国民经济的各个部门同时进行大规模投资，推动整个国民经济的高速增长。该过程必须通过政府计划而非市场调节来组织实施。投资的目标是取得外部经济效果而非利润，投资数额巨大，基础设施投资周期长，必须由政府来承担。

些问题,大家已经习惯了。但是,大家心中还是有着期盼的,都希望比父辈生活得更好。

三、 为了未来

因为"三线建设",瑞雪和荷花的生活有了空间上的交集,尽管当时她们并不认识。这是自然经济时代所鲜见的,工业化进程中的跨地区要素流动,提供了人和人见面、文明与文明融合的机会。

20 世纪 70 年代,瑞雪和荷花各自在西北地区和中原大地生活,城市里的"月光族"和农村里"年光族"的生活并没有约束她们各自的家庭梦想。她们不知道,"月光族"和"年光族"生活背后的货币剩余为中国的工业化进程做出了贡献。这样的生活,一直持续到 1978 年。

世间本无平常物。一枚鸡蛋,看似普通,但在特殊的时间、特殊的地点,就可能有了不同的意义。1978 年秋天,荷花的次子(我们称他"从山"吧)上小学一年级,地点就在她生活的自然村小学。

所谓自然村小学,其实就是一间教室,只有一年级,只有一位老师,身兼班主任、语文老师、数学老师三职。二年级及以上的学生,到行政村小学就读。这个行政村下辖三个自然村。初中要到所在乡镇(当时称公社)中学就读。高中要到相邻乡镇中学就读,相邻的三个乡,只有一所高中。当然,也可以到县城中学就读,但对普通人家来说,那极其昂贵,很难有机会到那上学。

上学就要交学费。学费从哪里来?尽管只要几角钱。书本费从哪里来，作业本和铅笔等文具费从哪里来？这是农村家庭的重大经济决策问题。当时实在是没有什么经济来源，只有那几只会下蛋的母鸡。母鸡是一个家庭极其重要的经济资产。它就是会下金蛋（货币）的鸡，可以带来现金流。鸡蛋，在村里具有普遍可接受性，可以用来换食盐等日常用品，邻里之间可以相互借鸡蛋。此刻，鸡蛋充当了货币，具有交易中介、支付、储备等功能。

家长拿着鸡蛋到乡镇集市卖掉，换几角钱交学费、书杂费；孩子用鸡蛋到村里小卖部换作业本和铅笔。一枚鸡蛋，可以换一到两本作业本，或者几支铅笔，或者二者的组合。好在当时还允许农户养殖一些牲畜。如果不允许的话，那学杂费问题就很难解决了。学杂费问题解决了（当然也可以暂时欠着），家长到老师家里报名，然后就可到课室上学了。

上学，要自己从家里搬个小木凳。当时，没有塑料凳，那可是轻工业品，在农村极其罕见。木凳，一般都是自己家手工制作的。每个家族都有一两个男人会手工活，他们通常会做些日常家居用品。课桌，是老师和村民用土坯搭起来的。教室，是一间土坯房，也是村里的一间公共房屋。土桌，木凳，公屋，一个老师，一个年级，两门课程，十几个孩子，这间小学就开始运转了。

1978 年，河南农村，自然风光，自然经济。鸡蛋，充当着货币职能，而真正的货币，在农村极其稀缺。

在这极其稀缺的鸡蛋资源配置中，荷花一直记着一件极其重要的事情——每个孩子的生日。孩子的生日当天早上，荷花会煮 2 枚鸡蛋，拿着鸡蛋在孩子身上从头到脚滚几遍，口中念念有词，说着类似"灾病去，好运来"之类的话，当时她并不知道"祝你生日快乐"这样的祝福和歌声。母爱是伟大的，总是不忘祈求孩子平安。这 2 枚鸡蛋的所有权，是属于过生日的孩子的。过生日的孩子，一般都舍不得马上吃鸡蛋，而是将其装在口袋里，有时候，会分给兄弟姐妹吃一点；有时候，会带到学校，给同学好友吃一点；有时候，会自己偷偷地在某个独立的空间里，慢慢地品尝。为什么是 2 枚鸡蛋？因为相信好事成双。为什么不是 4 枚或者 6 枚？因为鸡蛋太稀缺了。过生日的孩子，在兄弟姐妹或同学好友羡慕的眼光中，度过了美好的一天，然后再期盼下一个生日的到来。每一个孩子都这样期盼着。所以，妈妈是绝对不能也绝对不会忘记孩子生日的。如果过生日的前一天，妈妈口中没有叨咕生日这件事（其实并不是忘记），心急的孩子也会或明或暗地提醒母亲。每年的生日，在孩子们心中就是一个盛大的节日，尽管只有 2 枚鸡蛋，却简约而不凡。

瑞雪在政治学习时知道，1975 年《政府工作报告》说："我们超额完成了第三个五年计划，第四个五年计划一九七五年也将胜利完成……三届人大的政府工作报告曾经提出，从第三个五年计划开始，我国国民经济的发展，可以按两步来设想：第一步，用十五年时间，即在一九八〇年以前，建成一个独立的比较完整的工业体系和国民经济体系；第二步，在本世纪内，全面实现农业、工业、国防和科学技术的现代化，使我国国民经济走在世界的前列。"新中国要迈向四个现代化①，瑞雪和同事们听到这段话，欢欣鼓舞。

1975 年《政府工作报告》还说："我国财政收支平衡，既无外债，又无内债，物价稳定，人民生活逐步改善，社会主义建设欣欣向荣，蒸

---

① 四个现代化即工业现代化、农业现代化、国防现代化、科学技术现代化。1954 年召开的第一届全国人民代表大会，第一次明确提出要实现工业、农业、交通运输业和国防的四个现代化的任务，1956 年又把这一任务列入党的八大所通过的党章中。1964 年 12 月 21 日，周恩来在第三届全国人民代表大会第一次会议上宣布，调整国民经济的任务已经基本完成，在不太长的历史时期内，把我国建设成为一个具有现代农业、现代工业、现代国防和现代科学技术的社会主义强国。

蒸日上。"瑞雪和同事们倍感自豪。只是她并不知道，工业化进程的关键是资本形成，而有投资才有资本形成。投资一定要有钱，钱从哪儿来呢？无外债，无内债，那就靠国民储蓄了。低水平的"月光族"和"年光族"生活背后的隐性货币储蓄，为工业化进程提供了资金来源。历史是人民创造的，这句话千真万确。"月光族"和"年光族"，为了新中国的工业化体系快速成长，既参与其中，又做出了劳动力贡献和资本贡献。1975 年《政府工作报告》再一次提出"四个现代化"的微观基础，就在于此。

其实，瑞雪和荷花不知道，经历过"大跃进"，20 世纪 60 年代，重工业优先发展战略已经开始有所调整。1964 年《政府工作报告》说，"在过去几年中……我们集中主要力量，加强了农业战线，努力增加人民生活必需品的生产；调整了工业和农业的关系，并且使工业和其他部门的工作转移到以农业为基础的轨道上来；调整了工业内部的关系，加强了薄弱环节，发展了新兴工业"，"正确处理农业、轻工业、重工业的关系……发展国民经济的计划，应当按照农、轻、重的次序来安排"。[①]

在不知不觉中，国家战略和个人生活已经悄然结合了。微观个体可感受到，一个新的变化在悄然发生着。

---

① 1964 年《政府工作报告》说："必须更好地执行以农业为基础、以工业为主导的发展国民经济总方针。工业的发展规模，要同农业可能提供的商品粮食和工业原料相适应。各行各业都应当面向农村，为农业服务。重工业部门应当首先为农业提供越来越多的机械、化学肥料、农药、燃料、电力、水利灌溉设备和建筑材料，同时为轻工业提供越来越多的原料、材料和设备。为了实现这个要求，进一步加快重工业首先是基础工业的发展，是完全必要的。"

第四章

平面扩张

一、 田野笑声

1980 年，荷花已经有了四个孩子，最小的一个也已经 3 岁了。1978 年《政府工作报告》说："计划生育很重要。有计划地控制人口的增长，有利于国民经济的有计划发展，有利于保护母亲和儿童的健康，有利于广大群众的生产、工作和学习，必须继续认真抓好，争取在三年内把我国人口自然增长率降到百分之一以下。"

计划生育政策的精神，早已传到中原大地的每一个村落，每一个村落都开始行动起来。其实，即使没有这一政策，荷花肯定也不会继续生小孩了。一是因为，三儿一女，这是一个很好的家庭孩子性别结构。在当时的农村，儿子不是万能的，但没有儿子是万万不能的。"养儿防老"，是一种风险化解机制，在基本公共服务体系尚未建立的情况下，更是如此。已经有了三个儿子了，如果再生多一个小孩，将来有可能娶不起媳妇。在农村，娶媳妇是一笔大宗支出，是父母一生最大的预算约束。二是，一直以来，吃饭是家庭的头等大事，把每一个孩子都喂饱可不是一件容易的事情。供四个孩子吃饭都已经很紧张了，因此不能再生了。

但在1980年，荷花似乎轻松些了，因为孩子们可以吃饱了，花生也已非奢侈品。花生本是平常物，但也曾经稀缺，它在二十世纪六七十年代登上雅堂，被用来招待客人，人们只有在节日时才会购买。为什么呢？原因只有一个：稀缺。花生太少了，稀缺的花生成了奢侈品。孩子们最盼望有客人来，可以陪着客人吃花生，一饱口舌之欲。吃花生带来的边际效用极其高。客人走了，父母就把花生收起来了，于是孩子们期盼着下一批客人的到来，期盼下一个节日。

有一次，孩子放学回家，给荷花讲在学校学习的一篇文章。这篇文章讲，领导人日理万机，十分辛劳，夜间只能吃一碟花生米补充一下营养。文章作者的本意是，领导很辛苦，生活很艰苦。但对于认为"花生是奢侈品"的孩子们，他们却充满羡慕之情，他们是这样想的：晚上还有花生米吃，多好啊！现在想来，他们的想法很傻很天真，当时却也是本能体会，因为花生就是奢侈品。

1980年的秋天，田野里充满着孩子们爽朗的笑声。农活辛苦，效用可能为负，但孩子们为何欢天喜地？因为可以放开肚皮吃花生了。花生多了，可以尽情地吃了。此时花生脱下了奢侈品的华丽外衣，来到了普通百姓身边。

为什么花生由少变多了？天还是这样的天，地还是这样的地，人还是这样的人，但土地的合约变了！家庭联产承包责任制的实行，使家家户户都分到田地了。

农村的土地是集体所有制，这是多少年来都没有变的。土地所有权的变化，往往是大事件，伴随着革命或战争，在土地所有的资本联系和交易受到约束的情况下。所有权不变，可变的就只能是使用权。在所有权不变的条件下，可以有多种土地使用合约。至于哪种合约是有效率的，那就看实践，实践是检验真理的唯一标准。

此前，村民们一起生产，集体劳动，集体分配，集体决策"种什么"。结果大家都出工不出力，产量低了，分配到个人的粮食少了，大家都吃不饱。集体决策不种花生，花生就少了；即使决定种花生，花生产量也不可能高。

此后，各家各户，自由决策，只要不违法，想种什么就种什么，想种多少就种多少（不能超过自家土地面积），除去缴公粮（相当于农业税），剩下都是自家的，丰歉自负，风险自担。注意，"缴"，意味着硬约束，不缴可不行。

人对激励是有反应的。这一合约变化，释放了人们的积极性，释放了巨大的产能，土地的产出呈现爆发式增长。农村的天是晴朗的天，农村的人民好喜欢！这一合约变化的影响是巨大的。在一定程度上解决了吃饭问题，由"吃不饱"迈向"吃得饱"，这是一个巨大的贡献。至于如何由"吃得饱"迈向"吃得好"，则是后话。20 世纪 70 年代末的中国，广袤的农村仍处于自然经济状态，生存仍然是第一要务。农村人口，依然是中国人口的绝大多数。

荷花听说，1978 年 12 月，北京开了一个很重要的会——党的十一届三中全会，会议决定党和国家要以经济建设为中心。她还听说，1978 年，安徽省凤阳县小岗村，18 位农民以"托孤"的方式，冒着极大的风险，立下生死状，在土地承包责任书上按下了红手印，拉开了中国改革开放的序幕，创造了"小岗精神"。家庭联产承包责任制，成了中国改革开放的起点，促进了农业的大发展。一个承包合约，释放了巨大的农业生产力，产生了农业产品剩余并进入市场，为农民带来了收入流。

荷花并不知道，1979年《政府工作报告》说："目前我们经济管理体制的要害问题，就是在不少方面程度不等地违背了客观经济规律，在生产和流通领域中忽视了商品生产的价值法则，在分配领域中不能很好地体现按劳分配的原则。"的确，以经济建设为中心，就要尊重经济规律。1979年《政府工作报告》还说："今年国务院决定较大幅度地提高粮、棉、油、猪等主要农副产品的收购价格，满足了八亿农民的多年愿望，这对于发展农业生产，改善市场供应，促进整个国民经济的高涨，必将起持久的巨大作用。因此，从全局说，这是对全国所有人民都有利的。"

荷花不知道，农村的这一变化，也影响到城里人的生活。家庭联产承包责任制，这一农村土地合约变化与另一个合约变化，产生了共振效应，使国民经济发展翻开了新的一页。20世纪80年代初，国有企业开始放权让利。1980年《政府工作报告》说："实行扩大自主权试点的工业企业，到今年上半年有6 600个左右，产值约占全国全民所有制工业企业总产值的45%左右。"1981年《政府工作报告》说："今年以来，又进一步确定从重点工业城市抓起，以生产名牌优质产品的工厂为中心，组织专业协作，发展多种形式的经济联合，进行大批量生产，并且组织有条件的重工业企业和军工企业生产人民生活需要的耐用消费品，使轻工业产值在工业总产值中所占的比重继续上升……三年来逐步扩大企业自主权，推行经济责任制，贯彻执行按劳分配的原则，并在国家计划指导下发挥市场调节的辅助作用。"

放权让利，这是什么意思？此前，国有企业生产什么、生产多少、怎样生产、为谁生产……这一系列问题，由上级政府管理部门计划决策，国有企业没有决策权；利润上缴，如何分配也由管理部门说了算。

挣多挣少，分多分少，与企业关系不大。

此后，国有企业在完成计划任务后，有权决定自主生产一些产品，生产什么、生产多少、怎样生产，企业自己说了算。或者说，计划外的事儿，企业自主决定。此为放权。至于为谁生产，当然是为市场生产。若赚得利润，除了计划上缴的部分，企业可以留利，可以发奖金。此为让利。有了政策红利，企业该怎么做呢？

生产什么，就看此时市场需要什么。人们想吃得好一些，想穿得好一些，女孩子想穿一些五颜六色的衣服，这些不算消费升级，而是消费的平面扩张，因为消费领域的历史欠账太多了，平面扩张就是弥补历史缺憾。总之，市场需要基于消费需求的轻工业产品。

怎么生产？要有原料。五颜六色的衣服需要棉花丝绸等原料，而农村的家庭联产承包责任制，给了农户决策自主权，农户可以自由地种棉花、养蚕，原料问题得以解决。

这样，农村土地的合约变化和国有企业的合约变化，产生了共振。两个合约变化，缺一不可。缺了农村土地的合约变化，原料可能不足；缺了国有企业的合约变化，产品就生产不出来。国有企业的这一示范作用，催生了乡镇企业，启动了增量改革。正是这一共振，开启了市场化进程。

这是一个消费平面扩张的时代，而不是一个消费升级的时代。消费平面扩张的前提是，产出增加了，收入增加了。要想生活得好，就要生产得好。

二、　春节福利

1982 年，南树已经年过 40 岁，步入中年了。这年的春节，在黄土高原的山区工厂里，南树见到了一样从来没有见过的东西——像鱼一样，但又长又白，被冰冻着。同事说，这叫带鱼，是从南方海边运过来的。春节到了，厂里要给职工发些福利，以迎接过年。除带鱼外，发放的东西还有橘子，也是从南方运过来的。另外还有大米、苹果、食用油。这次过年，发放的东西比较多，因为厂里的日子比以前好多了。同事领着孩子们兴高采烈地去搬运这些东西，他们开心极了。单位福利体制的优越性，进一步增强了，这在农村是难以想象的。城里的人们，国有企业的人们，意气风发。这意味着，人们由吃粮食为主的"主食型"消费，逐步转向营养较为齐全的"副食型"消费。这一次，单位的节日福利发放起到了引领和示范作用，后来人们的餐桌上就常常出现带鱼了，人们开始吃上天南海北的东西。

20 世纪 80 年代初期，国有企业改革政策是放权让利，不动所有权，放一部分经营权，让一部分分配权，企业有了一定的自由选择权。这一政策的效果就是，南方海边的带鱼走进了黄土高原的山区工厂。当时的北方，冬天主要是储备大白菜、土豆、萝卜，带鱼是很少见的！

这是怎么实现的呢？工厂有了一些可支配的资金，首先想到的是改善职工的福利，因为此前职工的生活有些清苦，谋求温饱是首要目标。纵使职工有需要，但没有钱，没有支付能力，无法形成需求。现在有钱了，就可以形成需求了，也可以改善职工生活了。解决温饱，还是要从吃的入手，尤其是吃的多样性。这不是消费升级，而是消费平面扩张。当时的国有企业（时称国营企业）都有采购员或者供销员在外边跑，他们会向厂领导反馈外地的商品供应情况。南方的带鱼，此时交易数量和价格也逐步放开了，不太受配额制影响，有供给意愿，也有供给能力。山区的需求就和海边的供给相遇，带鱼就走进山区了，哪怕相隔千山万水。无论是在河南农村，还是在甘肃山区，人们都感受到南方海边那市场的灵动。国有企业改革的红利，南树也第一次感受到了。改革开了一条缝，气象就完全不同，人们的精气神也完全不同！市场，这只"看不见的手"，使人们度过了一个别样的春节。

1981年秋天，南树秋收探亲，回到中原大地。返乡之前，他想到，父亲已经60多岁了，此次回去正好赶上他的生日，要好好给他过生日。在农村，长辈的生日是一件大事情，是一项家族传承的礼仪，亲朋好友都会前来祝福和献礼，尤其是外嫁出去的女儿，一定会携夫带子盛装前来。有时候，村中德高望重的长者，也会受邀出席生日盛宴。这种礼仪，对孩子们来说，耳濡目染，极其重要，因为社会伦理与礼仪秩序就会在不知不觉之间传承下来。

作为长子，回家为父亲过生日，该带些什么礼物呢？盛宴中，酒很重要。为生日盛宴奉上一瓶好酒，是南树很久以来的梦想。那时最有名的酒，当属茅台酒了。茅台当然也最贵，一瓶12.5元钱。这可是一笔不小的支出，算得上奢侈品了。钱，南树已经存够，但没有票证，依然买不到茅台酒。后来南树通过层层托关系，终于拿到一张酒票，得以如愿。

生日当天，高朋满座。茅台瓶盖一开，酒香四溢。酒是稀缺的，参加盛宴的人几乎都是第一次见到茅台酒，那就每人一杯，只有寿星和少数几位德高望重的老者每人两杯。男孩子们也有口福，父亲们用筷子在酒杯里蘸一蘸，然后放到他们口中。众人皆欢。

如果在平时，村里人需要聚餐喝酒，就可以到村里的代销点买一些散装的酒。买这些酒，已经不需要酒票了。有部分酒厂开始生产散酒或瓶装酒，方便人们买卖，尽管口味不一定让人满意。其实，代销是商品交易的初始形态，为什么代销点盛行于乡村呢？因为商家的销售成本接近于零，村民把货拿回去，销售场地免费，家中存放商品的仓储地免费，目标客户稳定，风险小。商品代销点，很多是以赊账的形式进行，但熟人社会信誉好，风险小。代销商品，如果货卖不出去，可退回，风险小，村民可以承担。

秋收结束，南树要返厂了。次子从山体弱，连续几个夏天都生疟疾。疟疾，村里人叫"打摆子"，每天周期性发烧发冷，有时每天午后发烧，虽烈日炎炎，却浑身发冷。这可能与因夏天在池塘里游泳而感染病菌有关。发烧后一两个小时，又恢复正常。每天定时发作，持续十几天。人们猜想，可能过了节气，病菌就没那么厉害，也可能被发烧给抵御了。南树夫妇听说只要换一换地方，换一换水土，就可以不生这种病，病菌就没有持续生长的环境了。最后他们决定，南树休假结束后顺便带从山到甘肃去。实践证明，这一决策极其正确。从山自从到了甘肃之后，就再也没有生过疟疾，彻底好了！

从山到了甘肃工厂里，首先面临一个问题——吃饭。由于当时粮食供给都是按照城市户籍定量的，南树一个月只有 31 斤粮食，而从山户籍在农村，是没有粮食供给的。31 斤粮食，显然不够两个人吃。每到月底，南树就要找同事朋友借粮票。虽然农村家庭联产承包责任制已经释放了大量的产能，但城市的粮食市场还是短缺。

消费平面扩张，票证依然发挥作用。这是一个激情燃烧的岁月，其背后是政策的悄然转型。1981 年《政府工作报告》说:"把消费品工业的发展放到重要地位,进一步调整重工业的服务方向……消费品工业的更快发展,就会通过交换,进一步促进农业、重工业和国内外贸易的发展,更好地适应人民生活改善的需要,同时可以增加国家的财政收入,稳定市场物价,安排更多的人就业,从而有助于安定团结政治局面的巩固。大力发展消费品生产,还将促进整个经济结构的合理化,有利于积累和消费的矛盾的妥善解决。在今后相当长的时间内,必须把着重发展消费品工业放到重要地位。"1982 年《政府工作报告》说:"工业消费品生产迅速发展,市场商品供应日益充裕,消费品匮乏的状况有了很大改变。这是我国五十年代后期以来从未有过的新情况……许多消费品的质量有了提高,花色品种增多。"① 工业消费品的发展,其影响是全面的。

三、 工业用品

1983 年秋天,南树秋收返乡之前,收到一位堂弟的来信,他请南

---

① 1982 年《政府工作报告》:"轻工业总产值,1981 年比 1980 年增长 14.1%,1982 年预计比 1981 年增长 5.1%,两年平均每年递增 9.6%。1982 年预计同 1980 年比较,纱增长 13.3%,呢绒增长 12%,毛线增长 42%,食糖增长 33%,自行车增长 78%,缝纫机增长 61.7%,电视机增长 1 倍,洗衣机增长 9.9 倍。"1983 年《政府工作报告》:"这几年,我们把消费品生产放在重要地位,使轻工业比重工业有了较快的发展。从 1979 年到 1982 年的四年内,轻工业平均每年增长 11.8%,超过重工业每年平均增长 3.4% 的速度。许多市场紧缺商品的生产有了很大发展。自行车增长 1.8 倍,缝纫机增长 1.6 倍,手表增长 1.4 倍,电视机增长 10.4 倍,化学纤维、布匹、呢绒、食糖、皮鞋等也都大幅度增长。冶金、化工、建材、机械等重工业,积极调整产品结构,努力扩大服务领域。它们为农业、轻纺工业、市场、技术改造和出口提供的产品,数量和质量不断提高,品种不断增多。"

树帮忙找一张自行车票，最好是飞鸽牌或者永久牌。堂弟跑长途贩运做生意，挣了些钱，想买一辆自行车，但没有购车票证。堂弟无疑是具有商业智慧的，长途贩运是服务业，通过不同地区的价差进行套利。这是一价定律在发挥作用：在没有运输费用和贸易壁垒的自由竞争市场上，一件相同的商品在不同国家（地区）出售，如果以同一种货币计价，其价格应是相等的。在一个国家之内，没有汇率问题，所以同一商品，扣除运费，如果价格有差异，就可以套利。套利贸易，首先要进行市场搜寻，发现特定商品的价差，然后进行长途运输。这虽成本高，有风险，但赚的相对较多。当年温州人跑到全国各地经商，也多是通过价差套利。

南树又一次费了九牛二虎之力，搞到了一张自行车票。此刻的工业消费品市场还是短缺的。南树不知道，1980 年，日本汽车产量超过美国，位居世界第一；1982 年，日本电气公司（NEC）开始正式销售个人电脑。美国著名作家马克·吐温①写过一篇著名的小说《镀金时代》，描述了 19 世纪 70 年代到 20 世纪初美国工业社会的快速发展。于是，很多人也把 20 世纪 80 年代日本的快速发展称为"镀金时代"。

1984 年，回到家乡的从山上初中了，中学在乡政府所在地，上学需要住校。当时，学校还没有通电，也可能是电费太贵，用不起电，晚自习要自备煤油灯。煤油灯，是轻工业品。其底座是玻璃油壶，花一角钱即可以灌满油。灯芯吸油，火柴点燃，光明即现。上面的灯罩非常神奇，具有放大光亮的效应，如果没有灯罩，那光亮程度就大打折扣。透明的灯罩是这种神奇效应的关键，但易碎，如果放不稳，一掉下来就可

---

① 马克·吐温（Mark Twain，1835—1910），美国作家、演说家，原名为萨缪尔·兰亨·克莱门（Samuel Langhorne Clemens）。"马克·吐温"是笔名。代表作品有小说《百万英镑》《哈克贝利·费恩历险记》《汤姆·索亚历险记》等。

能砸碎了。当时在学校里，同桌两人共用一灯，轮流买灯油，一起保护着灯罩。这种煤油灯可比村里的煤油灯先进多了。村里的煤油灯，就是在一个瓶子或者小碗里装满油，再放上自制的棉灯芯即可使用，光线比较昏暗。

相比之下，这透过灯罩散发的亮光，对学生来说，已是奢侈之光。它是用现金换来的，是一件高档的消费品，一件先进的工业品。尽管不知道这盏灯产自何方，但学生们消费了，在使用着它。这就是市场的力量。

当时，冬天的农村是无法洗澡的。乡镇中学附近新开了一家私营澡堂，花两角钱可以洗一次。从山和同学就结伴去洗了一次澡，一次奢侈性消费，仅此一次。这算是乡镇的第三产业，属生活性服务业，另外还有小卖店、烧饼店、小吃店等。烧饼，一角钱一个；油条，一角钱一根，但这些对他们来说都是奢侈品。

澡堂的经营者，可以算是一名企业家，发现了市场机会：年轻的学生喜欢新鲜事物，少数富余的学生，冬天可能会来多次。于是就把自家一间闲置的房子改成澡堂，家人只需烧开水，保持澡堂水温即可。冬天，闲着也是闲着，机会成本等于零。闲置的房子能够带来现金流，就是资源资本化了。

期中考试后，在学校的大操场上，学校组织学生集体看了一次电视，这是一台黑白电视，靠学校里的柴油发电机供电。这是很多同学第一次看电视机，第一次知道电视。从山依稀记得看的是当年奥运会女排比赛的重播，他脑海里至今仍留存国庆天安门游行打出"小平你好"横幅的画面。同学们很惊奇地看着，想着那万里之外的比赛和千里之外的天安门。此前只能听学校广播和收音机的学生，看到了电视的神奇，想到了广阔的空间。这次看电视，似乎启蒙了学生的全球化意识。后来上地理课时，大家都很投入，很多同学甚至听得如醉如痴。

从行政村小学到乡镇中学，这一空间的巨大变换，也带来了心灵空间的巨大飞跃。1984 年，工业文明的灯已经亮了，至少在很多人心里。1984 年，市场的春风到处吹拂着，每一个人都能体会到其和煦。

1985 年秋天，南树秋收休假回家，给从山带了一件礼物，一只电子手表。这只手表，是同事在广东出差时帮忙带回来的。南树每次回家，都会带些东西分给村里的孩子们，尤其是糖果。南树的归来，是一件令孩子们兴奋的事儿。当时，从外面归来的人，是村民了解外面世界的重要窗口。外面的世界，村民心向往之。人来人往，心活了，社会就活了。

手表，是奢侈品。此前，孩子们见过的都是机械表。南树每次回老家，他手腕上的机械表总能引起关注，尽管在他的工作单位，这表是很平常的。

为了教孩子们认识机械表上的时间刻度，数学老师还专门借了校长的手表进行教学，因为数学老师没有手表。上课、下课的摇铃声，是课程时间和学生进出课室的指挥棒。

电子表，是一个创新，可以称为傻瓜手表，一目了然，不需要数时针、分针，不需要数刻度。便利的新东西，总是社会所需要的。电子表，节约了看手表的时间，还很轻便。新东西是流动的，只要经过市场之手。新产品，伴随着市场信息出现。这只来自广东的电子表，经过市场交换，经过路途颠簸，戴在了从山的手腕上。

人生第一件奢侈品，令从山终生难忘！这只电子表，极大地满足了他的虚荣心。他戴着电子表回到了学校，并有意无意地露出来。同学们很快发现了这一新奇之物，纷纷过来围观。同学们问："这表从哪儿来的？"从山说："俺爸从广东买的！"一脸的自豪！这只表，使从山在学校的地位大大提高了，因为表有着丰富的信息内涵，使从山显得与众不同。班主任对从山的关注程度，也有所不同了。人生，有时候是需要一些外在的东西来支撑的。货币的社会力量，不容忽视。

周末回家时，这只电子表就被堂兄借去，堂兄要戴着它去相亲。听说，有几位堂兄都戴过这只表。表，似乎从出现之日起，除了计时功能外，更多的是身份显示功能。后来，这只表的电池没有电了，南树曾委托一个亲戚到县城去买电池，但后来就没有了消息。当时这种专用电池需求很少，县城估计没有商店销售。新产品的消费，是需要配套服务的。这条路，还很长很长。看来，产品的生命周期，有时候并不取决于产品本身。

其实，在南树的厂里，很多年轻人都戴这种电子表，方便，便宜，是一件日常用品。手表，已经脱下奢侈品的外衣，来到普通年轻人的手腕上。但这只表，在河南农村还是一件奢侈品。

这背后，是产品设计、生产工艺的创新，是成本的降低，是市场机会的新发现。这是企业家的贡献：从无到有，从少到多，从奢侈品到日用品。设计电子表的人，简直是个天才；把电子表产业化的人，简直是个天才的企业家。

同一件物品，不同的时间，不同的地点，具有不同的属性和功能。这似乎是城乡差异，也似乎是区域差异。无论何种差异，都阻挡不住市场信息的传递，阻挡不住新产品的流动。看来，真的是有一只"看不见的手"在调节市场。

四、　蓄势待发

　　无论城镇还是乡村，消费的平面扩张是迅速的，是并行的。这是一个帕累托改进的时代。此时的改革，资源配置状态改变，全部或部分人受益，没有人受损。① 而有些领域，则是卡尔多改进：有人受益，有人受损，受益者在一定程度上补贴受损者。② 此刻，很容易形成改革共识。

　　消费平面扩张迅速推进的背后是收入和就业的增加。1986 年《政府工作报告》说："在过去的五年中，我国人民生活得到显著改善，改善幅度之大是建国以来没有过的……城乡居民收入大幅度增长。扣除物价上涨因素，这五年农民人均纯收入平均每年增长 13.7%，城镇职工家庭人均收入平均每年增长 6.9%。五年合计在城镇安排就业的劳动力

---

　　① 　意大利经济学家维弗雷多·帕累托在关于经济效率和收入分配的研究中最早使用了这个概念。帕累托最优（Pareto Optimality）也称为帕累托效率（Pareto efficiency），指的是资源分配的一种理想状态。假定一群人和可分配的资源，从一种分配状态到另一种状态的变化中，在没有使任何人境况变坏的前提下，使得至少一个人变得更好。帕累托最优状态就是不可能再有更多的帕累托改进的余地。如果不是帕累托最优，则存在这样一些情况：有一些人可以在不使其他人的境况变坏的情况下使自己的境况变好。

　　② 　卡尔多改进，全称为卡尔多—希克斯改进，也称卡尔多—希克斯效率（Kaldor–Hicks efficiency），1939 年由约翰·希克斯提出，是指如果一个人的境况由于变革而变好，因而他能够补偿另一个人的损失而且还有剩余，那么整体的效益就改进了。卡尔多 1939 年发表的《经济学福利命题与个人之间的效用比较》一文，提出了将"虚拟的补偿原则"作为其检验社会福利的标准。希克斯补充了卡尔多的福利标准。

达到 3 500 多万人。"这得益于企业的放权让利①，得益于企业对工资奖金发放的自主权②。

单位福利制度在加强。住房是免费的，医疗费用几乎是单位全包，教育费用由家庭负担的部分很少。柴米油盐酱醋茶，单位几乎都会发。南树夫妇，瑞雪夫妇，许许多多的人们，似乎不再害怕什么不确定性，生活和未来也似乎没有什么风险了。

票证约束正在减弱，但依然存在。1986 年《政府工作报告》说："过去我国城乡市场的商品供应，除五十年代前期比较宽松以外，一般都比较紧张，许多商品不得不采取定量分配、凭票供应的办法，有些时期有些地方票证多达几十种，排队购货现象十分普遍。'六五'期间，随着工农业生产的大幅度增长，消费品货源比较充足，全国除粮、油外已基本取消票证，敞开供应。"

无论是居民还是企业，似乎都有着消费的冲动。所以，中央政府连续几年都对此提出警示。1985 年《政府工作报告》说："严格控制消费基金的盲目增长，严禁任何单位和个人在财务上乱开口子，乱提工资，乱发奖金、津贴和实物。"1986 年《政府工作报告》说："人民生活水平的提高只能依靠努力发展生产，不能挤占必要的建设资金。生活消费

---

① 当时国务院发布《关于进一步扩大国营工业企业自主权的暂行规定》，在生产经营计划、产品销售、价格、物资选购、资金使用、资产处理、机构设置、人事劳动管理、工资奖金、联合经营十个方面，给企业以应有的权力。

② 1984 年《政府工作报告》说："在向国家照章纳税以后，企业对工资奖金的发放有自主权。企业可以根据不同情况，分别采取按分计奖、计件工资、浮动工资或职务工资、岗位津贴等多种形式。有条件的企业，也可以根据国家有关规定，实行自费工资改革。对职工的奖金，实行'上不封顶、下不保底'的办法，即企业全面完成和超额完成国家计划，税利比上年增加，就可以相应增加奖金；企业没有完成国家计划，税利减少的，要减发或停发奖金，直到扣发部分工资。"1985 年《政府工作报告》说："在有条件的全民所有制企业，经过充分准备，逐步推行职工工资总额随同本企业经济效益浮动的办法，把职工和经营者的工资、奖金同所在企业的经济效益高低、本人贡献大小很好地挂起钩来，既保证工资增长同生产发展和劳动生产率提高保持必要的比例，又有利于国家对消费基金的合理控制。"

的增长速度不能高于生产发展的速度，职工工资增长的速度不能超过劳动生产率提高的速度……目前在工资福利上存在着互相攀比、滥发现金和实物的做法，必须坚决制止，对消费基金的过快增长必须严格控制。"

人们的消费欲望是无穷的，是多样化的。在消费平面扩张迅速完成之后，消费升级就要开始了。一切都在蓄势待发。那么消费向何处升级呢？

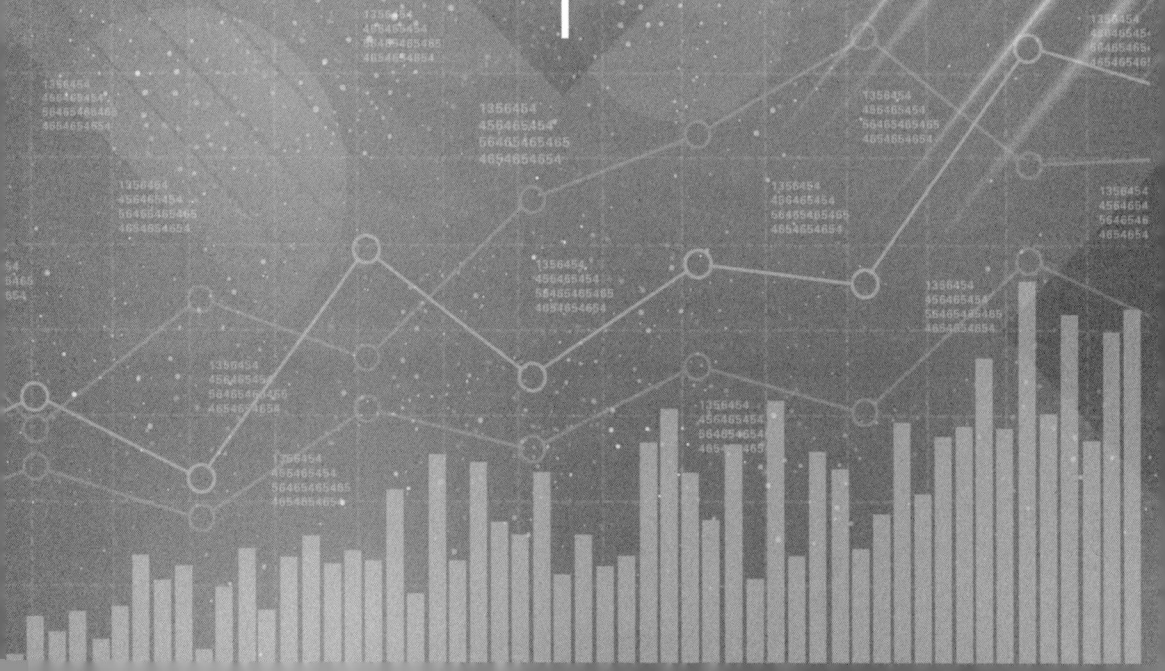

第五章

炫耀
时代

一、 为了彩电

　　1983 年，瑞雪家做了一项重大经济决策：准备买一台电视。这的确是"重大"决策，电视可是一件奢侈品。

　　为什么想买电视呢？孩子们经常到邻居或同学家看电视，每次回来都兴奋地谈论看到了什么节目，还经常说哪位同学家新买了电视，潜台词就是：咱家什么时候能买一台电视啊？作为父母，能够感受到来自孩子们的渴望。瑞雪夫妇商议了很久，最终决定买一台电视。尽管买电视的钱不够，但近几年单位福利和奖金比以前好多了，对未来生活还是有信心的。对未来收入预算约束的预期是影响消费决策的重要变量。

　　心动，就要行动。是买 14 英寸的黑白电视，还是买 14 英寸的彩色电视呢？当时流行的是 14 英寸的黑白电视，于是瑞雪夫妇决定买黑白电视。当然，即使买黑白电视，他们的钱也是很紧张的。

瑞雪到学校和同事说了要买电视的事儿。之所以告诉同事，主要是两个目的：一是告知同事，我家要消费升级了，二是向同事借钱。向同事借钱购买大件耐用消费品，这在当时是一件很正常的事情。同事之间互帮互助，可以缓解特定时期的收入预算约束。一家要买家用电器，通常几位同事会一起给这位同事集资，买电器的同事以后每月分期还款。几个同事，轮流买电器，就可以实现靠个人难以实现的消费目标。这相当于分期借贷，但是不需要偿还货币利息，只需要偿还本金。而非货币利息还是存在的，那就是人情。每一个人都要在这种人情网络中生存。人民的智慧是无穷的，办法总比问题多。

同事们听说瑞雪要买电视，就建议她买一台好一些的。有同事的丈夫从南方出差回来，在朋友家见过彩色电视机，是朋友的孩子去日本留学时带回来的。这台彩电，一下子就刺激了很多人。同事说，还是买一台从日本进口的彩电吧，大家还都没有看过彩电呢。

瑞雪心动了，但彩电可是电视界的"战斗机"，是奢侈品中的奢侈品。奢侈品的特征就是：物美价贵。一台进口的日本彩电，需要 1 300多元，那是一笔巨款。但想一想，如果买一台彩电，可以长时间看，能比邻居和同事家前进一步，也是一件很好很荣光的事情。瑞雪夫妇经过慎重考虑，最后改了主意，决定买一台日本进口彩电。当然，孩子们也更希望买一台彩电，有时候孩子们对父母面临收入预算约束线压力的感受相对弱一些。一旦决定，瑞雪家便在同事们集体分期借贷的支持之下，买了一台日本进口彩电。

当彩电搬进家，调好接收信号，家中已经围聚了很多人。大家欢呼雀跃，如同一个盛大的节日。彩电进入了寻常百姓家。人们发现竟然还有这样的电视，世界真是精彩。从此，每天晚上，瑞雪家就聚集了很多来看彩色电视的人。瑞雪夫妇花了两年多的时间，才把买彩电的钱还清。提前消费，分期还款，民间的智慧是实现美好生活的一部分。当然，瑞雪想不到，彩电很快就大规模进入寻常百姓家，变成了一件必需品。

当时女孩子们都争相购买"晓庆衫"，瑞雪的女儿也不例外。1983年第一届中央电视台春节联欢晚会上，主持人刘晓庆[1]身上的那件红色衬衫风靡大江南北，很多人都争相购买同款"晓庆衫"和她那条裙子。女孩子们开始自由地爱红装了，爱美之心恣意飞扬。

有一次，瑞雪参加亲友家儿子的婚礼。清晨八时八分，新郎率领着迎亲队伍出发。出发的时间是很有讲究的，特意取"发发"的谐音。此时，人们心中所想的是发财，在言语上也不用遮掩内心的想法，价值取向中"利"的一面愈发凸显了。1983年，还在西北大学读书的张维迎[2]先生在《中国青年报》发表《为钱正名》一文，尤其是"你能多赚钱，说明你对社会多做贡献"这句话，一石激起千层浪。

迎亲队伍，由一辆小轿车、一辆中巴和一辆卡车组成。新郎新娘及伴童坐轿车，亲友及伴郎伴娘坐中巴，卡车运嫁妆，分工有序。当时，这算是迎亲车队的标配了。差一些的，至少有一辆卡车；好一些的，可

---

[1] 刘晓庆（1955— ），重庆涪陵人，1970年毕业于四川音乐学院附中。1975年走上银幕。1987年，凭借主演电影《芙蓉镇》获得金鸡奖最佳女主角。1988年，凭借电影《原野》获得金鸡奖最佳女主角。1980年，正式调入北京电影制片厂，同年获得第三届大众电影百花奖最佳女配角奖。1991年，主演电影《大太监李莲英》。1995年，主演电视剧《武则天》。2004年，主演电视剧《长河东流》。2005年，主演电视剧《宝莲灯》，饰演王母娘娘。2010年，主演电视剧《云袖》。2014年1月，获得2013中国时尚大典时尚影响力人物奖。为国家一级演员、中国作家协会会员、中国电影家协会会员、中国全国表演学会副会长、天津人民艺术剧院艺术顾问等。2016年主演历史话剧《武则天》。2018年3月，入选《中国电视剧60年大系·人物卷》。

[2] 张维迎（1959— ），陕西省榆林市吴堡县人。北京大学国家发展研究院（前身北京大学中国经济研究中心）联合创始人、教授、北京大学网络经济研究中心主任。曾任北京大学光华管理学院院长。他发表的有关中国经济改革和社会发展的观点经常成为媒体关注的焦点。

以有多辆轿车、一辆或者两辆中巴、一辆卡车。

迎亲车队的车辆多少，是由新郎家的经济能力和社会关系决定的。车辆需要由亲朋好友张罗着借，主要是各个单位的车。这也从侧面说明了社会关系的重要性。当时，还没有私家车的概念，也没有租赁车市场。

在联络司机上，提前和司机讲好约定时间，到时候送上一条好烟或一瓶好酒即可，经济条件好一些的家庭还会封一个红包。当时，汽车是稀缺的，司机也是稀缺的，熟人社会中，虽然没有直接的市场交易，却也有了间接的市场定价。

如果不能借到一辆汽车哪怕是卡车，新郎在新娘面前是无法交代的。仅一辆或者几辆自行车就能把新娘接到新房的时代，一去不复返了。

在鞭炮声中，迎亲车队来到新娘家。伴郎伴娘交锋几个回合后，新娘也上了轿车，嫁妆也上了卡车。其实，卡车上装的"嫁妆"是彩电、冰箱、洗衣机等家用电器的空包装箱，贴着大红囍字。这些家用电器，已经提前在新房各就各位了。

为什么要装这些空箱子呢？这具有信号显示意义，表明新娘家奉上了殷实的嫁妆，展示了新娘家的经济实力。

车队离开新娘家，开往新房。本来新房距离新娘家并不太远，但车队并没有直接开到新房，而是从新娘家出发，绕工厂转了一大圈，才来到新房，一路鞭炮齐鸣。这迎亲车队也具有信号显示意义，是要昭告天下：新郎新娘结婚了，同时展示新郎家的经济实力和社会关系以及新娘家的经济实力。

看来，结婚还真不是新郎新娘两个人的事情，而是两个家庭（甚至两个家族）及其社会关系的事情。有些儿女多的家庭，父母即使借钱，也要把婚礼办得很有排场，以维护面子。这显然是炫耀性消费。

此时，国有企业放权让利，人们的预期收入是稳定且不断增长的，似乎没有不确定性。在单位社会主义福利体制逐步加强的情况下，住房、医疗、教育还能享有福利，预期没有什么大的消费，子女婚嫁就成了最大的支出。

车队到了新房，新郎新娘略作修整，就乘车去婚宴酒店，那儿才是婚礼仪式正式的现场。而新房，则布置得喜气洋洋。卧室里一片红，几乎所有的东西都是红的，墙上贴着大红囍字。客厅里家具错落有致，比较突兀的就是那台冰箱了。冰箱放在客厅进门正对着的墙角，两边靠墙摆放沙发，沙发紧紧地包围着冰箱。

这几乎是当时所有家庭冰箱放置的位置。当然，这样摆放，不是为了方便家人（如果为了方便家人，放厨房最方便），这是给客人看的。客人来了，坐在沙发上，就能近距离观察冰箱了，还能听见冰箱时而发出的声响。如果打开冰箱，里面可能空空如也，或者只有一两个土豆和水果。此时的冰箱，不在于其制冷、保鲜和存储功能，更主要的是主人炫耀性消费的象征。

洗衣机披红挂彩，放在电视柜旁，而不是在卫生间或者阳台。主要的电器都集聚在客厅（也有可能是主卧兼客厅），尽管使用起来不方便，但主人心情很舒畅，因为客人看到这些电器后至少会在言语上表达羡慕之情。

消费的示范效应真是强大！20世纪80年代中后期的家电消费排浪式的热潮就这样出现了。但这一热潮的源头，来自何处呢？人们吃饱穿暖之后，为什么很快就升级到家电消费呢？

这要感谢改革开放这一伟大的决策！1985年前后，改革开放后第一批留学生——"海归"回国了①。当时"海归"回国成功的标志，就是带回一套家用电器。哪怕在海外刷盘子刷得再辛苦，也要带回电器。在亲友眼中，如果没有带回家用电器，那就白白去留学了。留学生担当了家用电器的消费示范者，成为消费升级的引领者，这是当年他们走出国门时所没有想到的。留学生开启的中国城市家庭消费升级，开始追赶全球化的步伐了。

国有企业经营自主权扩大后，开始寻求新的产品增长点，于是冰箱、彩电、洗衣机的生产线如雨后春笋般涌现。消费升级的需求和供给再一次相遇了。但客厅里集聚的炫耀性消费需求，很难追上不断上马的生产线供给，重复建设、生产过剩的时代脚步已经迈开了，尽管人们尚未意识到。仅仅过了几年，市场就发生了巨大的变化。1990年《政府工作报告》说："当前国民经济中，特别是工业生产中出现的产成品库存严重积压、企业资金紧缺、生产低速增长、停产半停产企业增多等问题，引起了全社会的普遍关注……市场销售之所以疲软，又是多种因素的反映……前些年经济过热，加工工业盲目发展，现在实行治理整顿，压缩投资规模，控制消费需求，再加上清理整顿公司，加强廉政建设，部分企业的产品特别是质次价高、不适销对路的产品，市场销路就发生了严重的困难。"

---

① 1980年我国提出"保证质量，力争多派"的留学方针，1981年打开自费留学的大门。出国留学人数，1978年为860人，1980年为2 124人，1985年为4 888人，1992年为6 540人，主要分布在美国、日本、英国、法国、德国、加拿大、澳大利亚和俄罗斯等国家。学成归国人数，1978年为248人，1992年为3 611人。

二、 风险初现

　　国有企业的放权让利，使工厂的可支配资源增加了，部分车间的经营也复活了，出现多元化经营。一些生产性服务业和生活性服务业逐渐出现。工厂有了钱，就开始建住房。多年没有建房子，职工们住得很憋屈，狭小的空间里往往住着几口人。新建住房，实物分配，免费居住。分配是按照家庭人口规模、夫妻级别、工龄、年龄、学历等参数量化得分，分高者先得。工厂有了钱，便提高职工的福利，发放一些日用品，如米、油、水果等。在南方的一些工厂，发放的福利还有家用电器，如风扇、电视、冰箱等。放权让利，让单位福利大幅提高了。

　　有一天，南树穿了一身新衣服回家，一袭白色的类似中山装的上衣，领子很是周正，深蓝色的裤子，裤线甚是笔直。这是单位量身定做的工作制服。应该说，这身制服具有很好的显示效果，南树穿着显得年轻了许多，精神了许多。后来他发现，相邻的其他工厂，也在做制服或者工作服了。不仅是工厂，银行等单位也开始制作工作服。当时的工作制服，是一种身份显示。有制服的人外出时就会穿上它，即使是见客访友。有制服，表明单位好，福利待遇好，能够使人产生自豪感。不同单位的人见面时，都会潜意识里比较一下制服。单位工作制服，在20世纪80年代中期出现，并成了那个时代的一道靓丽的风景线。之后，有一个月时间，南树可以到工厂食堂免费吃饭。这是工厂职工轮流享受的福利，根据工龄、级别等因素，轮流享受这一优越性。当然，临时工是不可能享受这一福利的。

放权让利，工厂有了钱，大幅度提高职工福利，这既是为弥补职工福利的历史缺憾，也是消费升级的使然。但这为未来无法很好地应对市场竞争埋下了伏笔。因为这些是分配性努力，未来的市场竞争需要更多的生产性努力，更多的技术改造，更多的设备升级，更多的技术人才投入。这不是当时某个领导的错，在那种情况下，大概任何人都会这样做，改善职工福利也是必需的。在当时市场短缺的环境下，产品供不应求，一生产出来就很快销售出去了。此刻，企业享受的是市场容量红利，是生产力不足带来的市场红利。但此刻，很难有人想到未来会是什么样子，沿海地带的发展会对内地的生产能力造成什么样的冲击？

人们看到的是福利的增加，是工厂的红红火火。只要有一个稳定的工作，不犯错误不犯法，日子就不用发愁了，生活似乎充满着确定性。收入是增加的，福利是增加的，生活充满着希望，这是一段国有企业激情燃烧的岁月，到处都能听到《在希望的田野上》这首歌。吃饱了，甚至吃好了；穿暖了，甚至穿好了；福利越来越多。消费升级的下一个热点所蕴藏的能量就要爆发了。这就是家电消费热潮。

享受着单位福利的人们，刚有了一些存款（这是主动储蓄而不是被动储蓄）后，最害怕什么呢？最害怕"钱不值钱"！

大家都害怕物价持续上涨，害怕通货膨胀。1976 年诺贝尔经济学奖获得者弗里德曼①说，通货膨胀是小偷。更多的人说，通货膨胀是"世界上的头号窃贼"，往往不声不响地从所有人手中窃取财富。

经历过 1988 年商品抢购风潮的人，都有刻骨铭心的经历，当年的

---

① 米尔顿·弗里德曼，美国著名经济学家、芝加哥大学教授、芝加哥经济学派代表人物之一，以研究宏观经济学、微观经济学、经济史、统计学及主张自由放任资本主义而闻名。1976 年获诺贝尔经济学奖，以表彰他在消费分析、货币供应理论及历史和稳定政策复杂性等范畴的贡献。

商品零售价格指数上涨 18.5%。这是怎么发生的呢？

1984 年 9 月，《经济学周报》《中国青年》等单位发起的中国第一届青年经济理论工作者座谈会在浙江莫干山召开。会议提出了一个价格改革方案即"双轨制"：国家指令性计划产品由国家统一定价、调拨，企业自销的产品由市场定价。1985 年，国务院下文，开始在生产资料部门实行调放结合的"双轨制"；同年，物价改革开始起步，调整和放开了农副产品的价格。但在"双轨制"实行不到一年的时间里，国内便出现了"官倒"：批一个条子就可以在市场上赚很多钱。1986 年底，国务院认识到"双轨"价格产生的经济混乱，1987 年北戴河会议决定实行"价格闯关"，全面取消价格管制。

1988 年《政府工作报告》说："逐步理顺价格体系和价格管理制度，促进商品经济的发展。逐步调整少数关系国计民生的重要商品的不合理比价，继续放开一般商品价格，同时加强对市场的引导和管理。重要原材料和能源价格，指令性计划部分实行国家定价，其余部分实行地区之间或企业之间协商定价。对协商定价，必要时可规定价格浮动幅度或最高限价，予以指导。"

1988 年 3 月，"价格闯关"首先在上海开始，很快蔓延至全国范围，进而演变成疯狂的抢购风。从冰箱、彩电、洗衣机开始，再到盐、肥皂、毛线、卫生纸，大家基本上是见啥买啥，就怕今天不买明天涨价。抢购风的爆发引发了各地银行的储户争相提取现金。接着，抢购风进一步引发了囤货居奇和倒买倒卖现象，使得国内经济形势更加恶化。在此情况下，政府紧急叫停"价格闯关"，对经济实行全面治理整顿。1989 年《政府工作报告》说："最突出的是出现了明显的通货膨胀，物价上涨幅度过大，（1988 年）全国零售物价总指数比 1987 年上升18.5%，物价上涨幅度这么大，超越了群众、企业和国家的承受能力，相当一部分城市居民的实际生活水平有所下降。这些情况引起了社会的普遍关注和群众的严重不安，影响了社会的安定和群众对改革的信心。如果不采取坚决措施遏制通货膨胀，不仅经济无法稳定和发展，各项改革也无法深入下去。"

著名相声演员姜昆和唐杰忠的相声《着急》反映了当时的情况：人们听说副食品要涨价，就买空了小卖部：醋，买一洗澡盆；酱油，两水缸；豆油，十五桶；味精，两抽屉；五香面儿，一大衣柜；黄酱，一坛子。"看涨则涨，看跌则跌"，预期改变供求关系、决定价格走势，这一经济学道理，放之四海而皆准。这表明，副食品价格逐步市场化，人们对价格敏感了，在价格面前，人们都会本能地理性计算。刚刚享受市场化红利的人们，钱包刚刚鼓起一些，就怕"钱不值钱"，这是人们所想到的可能面临的最大风险。1988 年的抢购，是人们害怕价格上涨、预期自强化的结果，个体理性而集体不理性，合成谬误就出现了。

三、 由俭入奢

由俭入奢易，由奢入俭难。人们总是想过上更加美好的生活。更美好的生活，就是更便利的生活。随着人们工作越来越忙，收入越来越高，一些原靠自己或者亲朋好友一起干的活，越来越少人愿意去做了。于是，一些社会服务业的市场开始发育起来，生活性服务业逐步成长起来了。生活性服务业，就是花钱请别人干活，干一些原本需要自己干的活。用市场交易的方式找人替代自己干，或者以互助方式。在西北铜加工厂的人们，偶尔听说，广东已经出现了专业的搬家公司。

有一天，瑞雪听到一个爆炸性的消息。她曾经教过的一位女学生在外地一个发达城市上大学，毕业后就在当地工作，现在正准备和一位出租车司机结婚。这如同在平静的水面投进巨石，激起层层涟漪。

很多人的第一感觉就是出租车英文"Taxi"的谐音——"太可惜了"！20世纪80年代，婚恋市场上比较受青睐的是军人和文艺青年。这位女学生，恋爱理念确确实实超前了！这一理念的背后，体现出婚恋市场上的资本力量。

出租车是新生事物，出租车司机也是。出租车服务，是奢侈品。出租车司机靠驾驶技术、专业技术能力进入市场，成为先富起来的阶层。出租车司机每天都有现金流，比起每月固定日子领工资的职工，这状态是不可同日而语的。

早进入市场，早受益。这是市场红利，也是技术红利。驾驶技术是稀缺的，市场早就为之定了高价。有时候，不得不承认，资本是男生的魅力之一。

这是出租车司机的镀金时代啊！

大学生姐姐青睐出租车司机，这是爱情的力量，这是市场的力量！当私家车如雨后春笋般涌现出来的时候，汽车进入了寻常百姓家，司机就不再稀缺了。

当出租车褪去奢侈品的外衣，成为代步工具，出租车司机的婚恋市场地位就发生变化了。

别和市场掰手腕，跟着市场走。

情感和资本结合，也是人之常情。资本能够实现美好生活，女学生自然就行随心动了。这是一位勇敢的女生！义利之间，逐渐要换位了。义仍在，利在行。每一个人的心，都在不停地波动。

1990 年,荷花的次子从山考上了大学。当时,同学都是乘坐火车去学校,买硬座票,而且凭大学录取通知书可以购半价票,大学生也享受着社会福利;卧铺是奢侈品,没有特定的证明信或介绍信,是没有资格乘坐卧铺的,即使有货币购买力也是不行的。没有人乘坐飞机去学校,多数人没有见过飞机,甚至不知道乘客坐在飞机的哪个部位。[①] 小时候,孩子们偶见蔚蓝的天空中一道白烟呼啸而过,大人说那是飞机,孩子们觉得神奇又神秘,觉得飞机像《西游记》里的神仙,就一直仰望着天空,直到那缕白烟渐渐消失。对学生来说,飞机是奢侈品中的奢侈品,购票更是需要资格证明。此时,我国经济供求格局的基本特征是短缺,交通只是其中的一个方面。这些交通工具中的奢侈品,其乘坐权不仅仅是由货币选票决定的,更是由行政级别、职称级别等因素决定的。但此刻,货币的力量正在彰显,正在发挥威力,力图主导产品和服务的消费权配置,有一股隐隐的力量在推动着这一变化。

当时我们很难想到,中国的发展如此之快,"短缺"这个形容经济供求格局特征、伴随人们生活几十年的词,正在逐步退出历史舞台,从无到有、从少到多,很多东西如雨后春笋般涌现。仅仅十多年之后,只要有了充足的货币购买力,火车硬卧、软卧,飞机经济舱、公务舱、头等舱,任由你选。消费权由货币来主导,分配参数单一了,货币拥有者身后的其他因素,渐渐不再纳入消费权分配的考量因素;人和人的身份差异,在货币面前逐步消失。更为重要的是,这一变化,使时间和空间在一定程度上被压缩了,供给和需求能够更快更迅速相遇,人类合作的

---

① 实际上,当前经济发展落后地区的孩子们的认知和 20 世纪 90 年代的人们差不多。中央电视台《实话实说》前节目主持人崔永元运作过一个智力慈善项目"乡村教师培训计划",这一计划的诞生源于这样一件事:2006 年,一位山村女老师上公开课,在黑板上写下了"飞机"两个字。学生问老师人坐在飞机的哪个部位。老师答,人坐在飞机的翅膀里! 显然,这个答案是错误的。可是,学生们却深信不疑。因为,这里的老师和学生谁也没有坐过飞机。

范围也正在大幅度地拓展。

绝大部分同学是独自乘车而来的，少数有亲人陪伴。远道而来的同学，有些是第一次出远门，向亲人们挥一挥手，就怀着忐忑的心情出发了。之所以独自出门，并不是同学们独立性很强，也不是亲人们不想陪伴，而是货币支付能力不足。此刻，在货币的约束之下，亲人们远行陪伴的选择权自然有限了。即使有亲人陪伴而来，他们也是匆匆离去，这很容易让人联想到语文课上朱自清的散文《背影》[1]，那句"在晶莹的泪光中，又看见那肥胖的、青布棉袍黑布马褂的背影"，让多少人感同身受。货币的硬约束之下，亲情的表达自然受到了限制。的确，选择范围的扩大，有时即意味着福利的增加。谁能想到，仅仅十多年之后，许多家庭是数人陪伴大学新生去报到，顺便旅行，其乐融融。许多学校为此开放了体育场馆，供陪学生报到的家长休息，数百人齐居体育馆，也是一道温情的风景线。[2] 这一变化的背后，是货币硬约束得到缓解，家庭的选择范围扩大。一种力量推动着这一变化。人们隐隐约约地感觉到，现代化的目的、发展的目的在于微观的个人，是为了获得个人生活的空间，提高生活质量，给予个人更多的选择。[3]

---

① 朱自清1920年毕业于北京大学哲学系，1925年到清华大学国文系任教。1928年后，主要从事文艺批评和中国古代文学的研究。1931年到英国留学，次年回国，继任清华大学教授。《背影》是他前期散文的代表作。

② 据报道，2014年9月4日，南昌大学迎来全国各地新生报到，送新生入校的家长蜂拥而至，学校周边的大小旅馆全部爆满。为此，南昌大学开放了体育馆，为家长们提供了300个"地铺"。2015年8月，上海大学迎来全国各地的新生。学校连续3年在体育馆为新生家长免费提供休息点，用幕布将场馆分割为男宾区、女宾区，并提供茶水、凉席、枕头、被褥等。很多外地家长陪孩子来学校报到，顺便就住在了体育馆里。

③ 1998年诺贝尔经济学奖获得者、印度经济学家阿马蒂亚·森的发展理论，强调以人为中心的发展模式。

四、　市场迸发

在吃好穿暖的消费升级时代，人们的精神生活开始有了变化，出现了对娱乐的需求。1983 年开始的春节联欢晚会，一夜之间红遍神州大地，成为全球华人最大的、最丰盛的"年夜饭"，具有很强的微观心理基础。

朗诵，作诗，吟诗，成为当时青年的风尚。20 世纪 80 年代末 90 年代初，是诗歌繁荣灿烂的春天。大家似乎充满着激情，都想抒发自己的感情。当时，年轻人抒发胸臆，要么通过诗歌，要么通过音乐。语文老师和学生一起探讨朦胧诗的写作，是常见的事儿。当时流行一个词——文艺青年，这是一个褒义词。年轻人以文艺青年为荣，在恋爱市场中，文艺青年备受青睐。那是一个向往诗和远方的时代。

快节奏的通俗歌曲和摇滚歌曲，成为年轻人追求的新时尚。崔健[①]的《一无所有》常在年轻人聚会时被吼唱："我曾经问个不休，你何时跟我走？可你却总是笑我，一无所有，我要给你我的追求，还有我的自由，可你却总是笑我，一无所有。"年轻人的确一无所有，但有的是激情，有的是希望。文化娱乐业的起飞逐步具备了微观基础。

20 世纪 80 年代，曾经流行这样的说法：搞原子弹的，不如卖茶叶蛋的；拿手术刀的，不如拿剃头刀的；大学教授挣的钱，不如校门口卖

---

① 崔健，1961 年 8 月 2 日生于北京，中国摇滚乐歌手、词曲家，被誉为"中国摇滚之父"。1986 年，崔健在北京工人体育馆举行的百名歌星演唱会上演唱《一无所有》，随后立刻被年轻人传唱。

早餐的。老师们曾经自嘲地说，戴校徽上公交车，小偷都不会偷，不是因为小偷尊重老师，而是因为知道老师们太清贫了。这一现象，叫作"脑体倒挂"[①]。

为什么会存在这一现象？因为早进入市场，早受益。1978 年改革开放以来，体力劳动者率先进入市场，获得市场红利。

当时的中学生互相帮助，是一种自觉行动。南树的次子从山说，有位同学的妈妈没有正式工作，就在离学校不远的菜市场门口摆了个摊，卖些小朋友的小零食和家居日常零用品。晚上，几个同学常常帮忙推车收摊。在同学的印象中，那位同学家里是较穷的。但在 20 世纪 90 年代初期，他家拿出几万块钱买了一套房子。在人人崇拜"万元户"的时代，这件事情令同学们极其震撼。现在想来，在那个时代，只要付出体力和时间做贸易、做零售，就能享受市场红利。同学妈妈在体力和时间上的付出，薄利多销的经营策略，使其悄然变成先富阶层。

当时，大部分脑力劳动者还没有进入市场，还受单位约束，很少享受到市场红利。不过当时有一个例外，"星期日工程师"[②] 成为知识分子中率先富起来的人，他们是率先进入市场的。当时还是每周单休，国有企业的工程师和大学、研究机构的研发人员，受当时快速成长的乡镇企业的邀请，利用星期日去指导生产经营，并获得相应报酬。人力资本的资产专用性发挥着作用。这在当时引起了巨大的争议。1986 年《政府工作报告》说："改革是一场广泛、深刻而又持久的大变革，它对固

---

① 指受过多年教育训练的脑力劳动者的收入低于缺乏文化知识的体力劳动者的收入。

② 星期日工程师，又称科技人员业余兼职，主要是指各级各类专业技术人才、经营管理人才通过事先联系，利用星期天或节假日等业余时间，在完成本职工作，不侵害国家和单位技术、经济利益的前提下，为民营经济和各类企业提供各种无偿和有偿服务。20 世纪 70 年代末期至 80 年代中期，苏南地区乡镇企业蓬勃发展，但大多数企业缺少懂技术、会使用生产设备的技术人员。当时乡镇政府和企业主要依靠两类人员来解决技术和管理问题：一是从城市下放或退休在本地的干部和技术工人；二是通过种种关系从上海、南京、无锡、苏州等城市工厂和科研机构借脑借智，聘请工程师、技术顾问和师傅，帮助解决使用机器、开发产品、保证质量、降低成本等技术难题。

有模式、传统观念和习惯势力的冲击是前所未有的，人们在思想上对此也必然要有一个逐步适应的过程。"

知识作为一种生产要素进入市场，获得市场定价，似乎蓄势待发。1986 年《政府工作报告》还说："科研部门和高等院校的科研机构要进一步面向经济建设，通过技术有偿转让以及共同开发新产品、新技术和进行技术改造等形式，发展同生产单位的横向联合，形成新型的科研和生产的经济联合体……进一步调动科技人员和广大职工发明创造的积极性。"

的确，20 世纪 80 年代是激情燃烧的岁月，每一个人似乎都在憧憬未来。人们的收入在增长，未来收入也在预期增长；未来的刚性支出不多，主要是子女的婚嫁；单位福利体制逐步加强，教育、医疗、住房几乎都是单位全包的；人们害怕的风险是"不值钱"，即使子女的婚嫁，也只需要两三年的储蓄积累，风险前瞻期也就只有两三年。

消费在平面扩张之后，开始升级了，甚至是快速升级了，棘轮效应开始彰显。有钱了之后，人们的消费组合开始多样化，示范效应开始彰显。人们进入相对收入说的消费行为模式。

第六章

福利

裂缝

一、 体制改革

1991 年，即将退休的南树，听说将来退休金的发放方式要变了，不知道退休后能拿多少钱。工厂里即将退休的老人都对此有些顾虑。

之前，老人们是不用考虑这些问题的，一切都由国家和企业全包，年龄到了，就退休并领退休金。发多发少，由工龄与行政级别、技术级别决定。

然而，1991 年 3 月，《政府工作报告》已经指出："积极稳妥地加快住房制度的改革，逐步推进住房商品化。改革养老保险制度，逐步改变全民所有制单位职工全部由国家、企业包买的做法，实行国家、企业、个人共同承担的办法；同时，研究解决其他经济成分职工的养老保险问题，建立健全待业保险、医疗保险、工伤保险等社会保障制度。这两项改革，涉及广大群众的切身

利益，要在试点的基础上，认真总结经验，统筹规划，因地制宜，分类
指导，有步骤地稳妥进行。"

此外，1993 年 6 月 26 日，国务院颁布《关于企业职工养老保险制
度改革的决定》，对养老保险筹资模式进行改革。就是要改变养老保险
完全由国家、企业包买的办法，实行国家、企业、个人三方共同负担，
职工个人按本人工资的 3% 缴纳养老保险费，并逐步建立起基本养老保
险、企业补充养老保险和职工个人储蓄性养老保险相结合的制度。

这是什么意思呢？其实就是，未来退休职工的养老金，个人要负担
一部分，在职时要提前交一部分。全包的单位福利主义养老体制，裂开
了一条缝。这条裂缝，改变了人们对未来的预期，尽管尚未实施，但老
人们很关心自己的未来，因而对政策很敏感。这是可以理解的。在任何
社会，民众需要的不是关心，而是切切实实的利益。

对老人来说，他们有一些无法言说的微妙情感。其实，厂里的日
子，已经没有 80 年代中期那么红火了。企业那一部分钱，从哪儿来呢？
个人那一部分钱，又从哪儿来呢？老人们的无奈，是无法阻止这一福利
体制的裂缝扩大的。老人们还听说，可能老人老办法，新人新办法。结
果，就有人提前退休了。

像南树这个年龄的人，都是年轻的时候响应"三线建设"号召，
到甘肃山区工厂工作的。这一号召，快速推进了西部地区的工业文明。
老人们经历过社会运动的喧嚣，经历过"放权让利"国企改革的红红
火火，快到退休了，一直充满着确定性的生活突然变得不确定了，这的
确让人惶恐。

然而，该来的总会来的。1993 年，十四届三中全会提出城镇职工
养老保险实行社会统筹和个人账户相结合的模式。1994 年，试点工作
全面推开。1995 年，在试点基础上，国务院颁布《关于深化企业职工

养老保险制度改革的通知》。1997 年，颁布《关于建立统一的企业职工基本养老保险制度的决定》。明确要在全国范围内建立统一的社会统筹与个人账户相结合的养老保险制度，其中社会统筹采用现收现付制，个人账户采用基金积累制。

1991 年末，南树听说房子要收租金了，或者可以花钱将房子买下来。当时，他家住在单位分配的一套房子，两房无厅。北方的房子大多数没有专门的客厅，主卧往往兼作客厅；分房依据的是夫妻两人的资历和家庭成员规模。一直免费居住的房子突然要收租金，这在工人中引起巨大的争议。亲友见面，谈论的多是关于租房、买房的传闻，有人还到处打听，算计租房划算还是买房划算。

1991 年 10 月，第二次全国住房制度改革工作会议在北京举行。全国已有 12 个城市、13 个城镇的全面配套房改方案出台，多个省市房改方案正在报批或完善之中。甘肃的房改方案尚不得而知，但基本方向是明确的，住房要商品化，不再免费了，无论是租或者买。人们对政策是极其敏感的，于是大家再一次惶恐。

这一次，房改政策实施得更快一些。1993 年，工厂里的房子开始要交租金了。工人们虽然无奈，但最终都接受了这一事实。1994 年，南树花了 4 000 多元，把房子买了下来。4 000 元，在当时可是一笔巨款，南树一年的工资都没有这么多。从免费到交租金，从使用权付费（租金）到所有权付费（购房），以实物分配为主的福利体制真的开始变化了。大家渐渐接受买房这件事，不管情愿还是不情愿。当时，大家买的多是单位的房子，商品房还很鲜见。正如 1992 年《政府工作报告》所言："住房和社会保障制度的改革要迈出较大步伐。进行这些方面的改革，人民群众既是受益者，也要承担相应的义务，难度比较大，但经过前一段的试点，已经逐渐为广大群众理解和接受。"

　　大家还未意识到，一头庞大的灰犀牛，一个庞大的房地产市场，一个在 10 年之后扶摇直上的资产价格，正在一点一点地孕育着！1991 年，人们懵懵懂懂碰到的这两条福利体制裂缝，只是增加了困惑。这些事情，很多人是很难想明白的。

　　住房体制改革的全面推进很快。1993 年《政府工作报告》再次强调："加快住房制度改革步伐，逐步实现城镇住房商品化，推行国家、单位、个人合理负担的住房建设投资体制，加快城镇住房建设。""国家、单位和个人合理负担"，这是一个信号，个人就要进入住房所有权的整个生命周期了。

　　1998 年朱镕基总理回答记者的提问时提出"一个确保、三个到位、五项改革"①。"五项改革"之一就是住房体制改革。1998 年，《国务院关于进一步深化城镇住房制度改革加快住房建设的通知》指出：停止住房实物分配，逐步实行住房分配的货币化。各地随即铺开此项工作，房地产开始全面市场化。

　　此时的人们更关心未来，想事情、做事情的方式变了，花钱更加小心翼翼了。未来收入，可能充满着不确定性了。未来的大宗支出，那是一定的，是刚性的；炫耀性的消费行为渐渐消退，考虑整个生命周期的消费行为悄悄登上舞台了。心中充满惶恐的老人只能感慨：世界真的不同了！

---

　　① 1998 年 3 月 19 日，朱镕基总理在九届全国人大一次会议举行的记者招待会上提出，本届政府的任务，概括起来说是"一个确保、三个到位、五项改革"。"一个确保"，就是确保 1998 年中国的经济发展速度达到 8%，通货膨胀率小于 3%，人民币不能贬值。"三个到位"，一是确定用 3 年左右的时间使大多数国有大中型亏损企业摆脱困境进而建立现代企业制度；二是确定在 3 年内彻底改革金融系统，中央银行强化监管、商业银行自主经营的目标要在 20 世纪末实现；三是政府机构改革的任务要在 3 年内完成。"五项改革"，是指进行粮食流通体制、投资融资体制、住房制度、医疗制度和财政税收制度改革。朱镕基还强调，科教兴国是本届政府最大的任务。

二、 票证消失

　　每逢假期，南树的次子从山从兰州大学回家，都会讲一些大学里的新鲜事儿。从山在班里担任生活委员。生活委员，是每一位同学都愿意见到的人，因为大家每个月都要和生活委员接触几次。

　　生活委员每月最重要的两件事情是买饭票和发钱。当时，大学生的粮食是定量供应的，每人每月 31 斤，不分男女生，其中细粮 26 斤、粗粮 5 斤，此外每人还有 4 两米票。粮食，当时是短缺的。不只粮食，几乎所有消费品都是短缺的。短缺，就要实行配额制，定量供应。当时在兰州，牛肉面是 3 角 5 分一碗，外加 2 两粮票。货币和票证合一起才能购物。细粮票可以买馒头、米饭、稀饭，粗粮票可以买玉米面做的发糕等。

　　买米饭时，细粮票和米票要一起使用。在兰州，大米是稀缺物，只能实行配额制，每人每月只有 4 两。这可苦了从南方来的喜爱吃米饭的同学，他们吃不惯面食。北方的同学，习惯吃面食，就把自己的 4 两米票免费送给南方的同学。免费赠送，这是同学情谊。至于送给谁，就看情谊深浅，同一宿舍，同一社团，一起打篮球、踢足球、下围棋等，都会形成特殊的同学之谊。此时，并没有一个米票的交易市场，吃米权的转让定价是情感市场，而不是货币市场。任何具有使用价值的东西都是可以交易的，虽然不一定采用货币形式。

　　生活委员每月 20 日左右，要统计每位同学下个月要买多少斤细粮和多少斤粗粮，一般是按宿舍为单位进行统计，总计之后，报送到膳食科；膳食科以班为单位，准备下个月的饭票。每月 5 日左右，生活委员收好饭票钱，到膳食科买回上个月报送的饭票，以宿舍为单位，发给每一位同学。男生运动量大，31 斤粮食，很多人不够吃的。从山就曾经一顿饭吃了四个二两大的馒头，一共吃了八两。而对女生来说，他们一个月一般 20 斤粮食就足够了，她们运动量相对小些，且还要保持身材。如何处理这一矛盾呢？生活委员要进行宏观调控，进行宏观数据结构分析，保证本班报送的数额不超过本班配额总量即可。一旦超过，就要和定量较多的男生商议，每人酌情调减。这一做法的实质是，男生吃了女生的配额。当时粮票是可以私下买卖的。幸好在大学校园里，配额权交易市场并没有形成，否则生活委员的工作就很难做了。当时，学生没有这个意识，深层次的心理原因可能是觉得"义大于利"，羞于谈配额权交易。

1993 年，事情发生了变化。生活委员不用每月去膳食科预定饭票了。因为粮食配额制解体了，想吃多少就可以吃多少，只要你有钱买。每个人都可以自由买饭票。这表明，粮食供求格局的短缺特征逐步消失，生活委员得到"解放"了。不仅仅是粮食，很多商品的短缺情况都在逐步缓解。此刻，人们还没有意识到，相对过剩的供求格局正在形成。

关于发钱这个事儿，这是当时大学生享受的典型福利。那时，每人每月有 15 元的生活补助，少数民族的同学为 16 元。多 1 元钱，体现了我国的民族政策。这 1 元钱的边际效用是很高的。生活委员每月在购买饭票的同时，把生活补助领回来，发给每一位同学。每到这时，每一位同学就都笑逐颜开。货币是有力量的。在人们的内心深处，对"利"的追逐是发自本能的，虽然在特定的历史时刻，可能是隐性的。随着市

场的脚步，"利"逐步显性化。基于市场合约的理性计算，需要这样的
显性化。

20世纪90年代初的15元，也算一笔可观的补助。当时，南树每月
给从山75元的生活费，生活补助相当其五分之一。当时的学费是每
人每年180元，住宿费是每人每年60元钱，教材等费用大约60元钱，
每学年与学校有关的费用总计300元，加上生活费等总计1 200～1 500
元。每学年180元的生活补助，占全年费用的12%～15%，还是很可观
的。这笔补助，在1994年从山毕业的时候，已经涨到了每月25元（或
26元）。可能是经济发展了，政府的财政状况有所改善。大学生充分享
受到福利体制的优越性。这一补贴政策颇有成效，其经验就是福利直接
落实到人。在之后的改革进程中，许多财政补贴被挪用或者不知所终，
就是因为政策与受益者之间的距离太迂回曲折了，其背后的实质是
"利"的显性化，缺乏了规则的约束，导致政策落实不到位。

就学费而言，1990年以前的大学生是不用交学费的。记得大学刚
入学的第一节课，是《中国革命史》。老师是历史系一位头发花白的教
授，说话带有四川口音。他说："20世纪60年代初，我来上大学的时
候，穿着草鞋，背着一个行囊，就来到了学校。学校每月给我们发5元
钱生活补助，吃饭花2元钱，零用花1元钱，剩下2元钱给妈妈寄回
去，当然是没有学费的。"那时的大学生更是充分享受了福利体制的优
越性。

20世纪90年代初，学费开始上涨了，1991年为350元，1992年为
500元，1994年为700元。学费上涨，意味着教育的成本分担机制开始
发挥作用，这是符合经济学逻辑的。上大学是人力资本的投资过程，大
学教育具有私人性质和公共性质。前者决定了上大学需要交学费，后者
决定了政府需要投资大学教育。

学费上涨，意味着传统的福利体制在发生变化。不仅仅在教育领域，住房、医疗等传统福利体制都在发生变化。社会主义市场经济体制正在全面迈向新的征程。

三、 存量改革

1993 年暑假，按照惯例，从山要参加大学毕业前的实习，在一家纺织厂实习。每天的工作是，上午在办公室整理材料、接电话，下午到工厂收集各类报表。这样的工作，使他既听到了工厂里各种新闻，也看到了生产线上的开开停停。他隐隐约约感到，工厂在发生变化。工厂里的每个人也都感觉到，有些事情要"变天"了。

1992 年提出的社会主义市场经济体制，很快迈出实质性步伐。"现代企业制度"这个名词在各家国有企业流传着。大家都说，企业是市场经济的微观基础。现代企业制度，即十六个字：产权清晰，权责明确，政企分开，管理科学。课堂上老师把理论意义都讲明了，但到底和现实有什么关系却未能讲清楚。

到了工厂，从山才感受到这十六个字，字字千钧，对每一个企业、每一位员工都有着至关重要的影响。就"产权清晰"这四个字，已经对企业和员工形成了巨大冲击。当时国有企业兴起了一股"破三铁"风潮。"三铁"就是"铁饭碗""铁工资"和"铁交椅"的企业劳动、工资和人事制度。[①]

对工人而言，"铁饭碗"很重要。"铁饭碗"，是指在一个单位或部门，工作稳定，收入无忧。1992年前，只要在国有单位有一份正式工作，不犯错误不违法，就是拥有"铁饭碗"，就不会失业。为什么1988年会发生抢购风潮？就是城市职工没有失业风险，就怕钱不值钱了，所以一听说要涨价，就去抢购。

20世纪80年代，改革的主线是增量改革：在传统国有体制之外，乡镇企业、私营企业、个体工商户发展起来了。这时，国有企业的改革是"放权让利"[②]，国有企业存量还没有提上议事日程，产权领域没有改革，"放权"是经营合约的变化，"让利"是分配领域的改革。

要存量改革，国有企业就得打破"铁饭碗"制度。1992年起，改革进入存量改革阶段。国有企业的产权要动了，要改革。当时流行一个词——盘活国有资产，资产盘活了，员工的就业岗位就充满不确定性。1994年通货膨胀率高达24.1%，但当年没有发生抢购风潮。为什么？因为就业岗位不稳定，未来还有没有钱挣，这一问题萦绕在人们心中，人们害怕"没有钱"，而不是害怕"钱不值钱"。

在实习的工厂里，就弥漫着这样一种不确定的氛围。市场不相信眼泪，人们感受到了。孙中山先生那句话说得太好了："世界潮流浩浩荡荡，顺之则昌，逆之则亡。"工人们感受到了变化，有种被时代裹挟的感觉，又有一些想要出去闯一闯的冲动。

---

① 所谓"三铁"，是对我国传统体制下的国有企业劳动、工资和人事制度特点的形象概括：劳动用工制度的计划化和固定化，形成了"铁饭碗"；工资分配制度的统一化和刚性化，形成了"铁工资"；企业人事制度的资历化和终身化，形成了"铁交椅"。

② 1979年国务院颁布《关于国营企业实行利润留成的规定》，其主要改革内容为"放权让利"和"承包制"。国务院先后在全国各地实行放权让利试点工作，开始实施国有企业经济责任制和企业内部经济责任制，将国有企业原来上交的利润改为所得税，并明确了承包经营责任制的内容和形式、承包经营合同双方的权利和义务、承包者和承包企业管理方案等。此后直到1992年十四大召开，国有企业改革都处于放权让利阶段。

未来收入变得充满不确定性。传统的单位福利体制在逐步被削弱，未来的大宗支出则充满着刚性。人们突然感受到了收入预算约束线的无情，硬约束的时代到来了。人们的风险前瞻期，变成了整个生命周期。人们慢慢开始跨时均衡配置资源。

四、 谋求多元

按照整个生命周期跨时均衡配置资源，意味着挣钱是第一要务了。其实，这一问题，从 1992 年开始，人们的心里就豁然开朗了。"一九九二年，又是一个春天，有一位老人在中国的南海边写下诗篇。天地间荡起滚滚春潮，征途上扬起浩浩风帆。"① 当《春天的故事》响彻祖国大地的时候，人们迎来并经历了全社会的激情岁月。

邓小平南方谈话②，为过去几年的治理整顿和争议画上了句号，开启了新的征程。其中最有力量的一句话是，计划和市场都是经济手段，

---

① 《春天的故事》，蒋开儒、叶旭全作词，王佑贵作曲。歌词为：一九七九年，那是一个春天，有一位老人在中国的南海边画了一个圈。神话般地崛起座座城，奇迹般聚起座座金山。春雷啊唤醒了长城内外，春晖啊暖透了大江两岸。啊，中国！中国！你迈开了气壮山河的新步伐，你迈开了气壮山河的新步伐，走进万象更新的春天。一九九二年，又是一个春天，有一位老人在中国的南海边写下诗篇。天地间荡起滚滚春潮，征途上扬起浩浩风帆。春风啊吹绿了东方神州，春雨啊滋润了华夏故园。啊，中国！中国！你展开了一幅百年的新画卷，你展开了一幅百年的新画卷，捧出万紫千红的春天。

② 1992 年 1 月 17 日，88 岁的邓小平坐在南行列车上，开始了他的南方之行。从 1 月 18 日到 2 月 21 日，邓小平视察了武昌、深圳、珠海、上海等地并发表重要谈话。提出"要抓紧有利时机，加快改革开放步伐，力争国民经济更好地上一个新台阶"的要求，为中国走上有中国特色社会主义市场经济发展道路奠定了思想基础。不久邓小平南方谈话的旋风席卷全中国，掀起了又一轮改革开放的热潮。

社会主义也可以搞市场经济。承认市场这只"看不见的手"的力量，是邓小平同志最大的理论贡献之一。

市场交易，是历史发展的动力之一。不承认这一点，就要栽跟头。观察现实问题，我们总能找到历史的踪迹。想当年，拿破仑在欧洲战场是何等威风，却在滑铁卢一战中一败涂地，被他所看不起的"小店主国家"英国的军队击败。实际上，拿破仑不是被英国的军队击败，而是被英国的小店主击败。任何战争的背后，都是经济实力的博弈，都是经济发展动力的博弈，都是经济制度的博弈。正是18世纪英国小店主的蓬勃发展，不断创新，不断开拓市场，造就了第一次工业革命，使英国把半个地球都踩在脚下。

朦胧时代的朦胧力量，正式走上历史舞台，成了显性力量——市场力量。1992年，党的十四大明确提出，建设社会主义市场经济体制。一个思想门槛就这样迈过了。"摸着石头过河"逐步演变成"看着灯塔走路"了。

人们突然感受到市场的力量，市场的春天真的来了。理论界不再争论"劳动力是不是商品"，人们不再羞于谈钱。"利"，成为人们行为选择的显性风向标，亚当·斯密所说的"看不见的手"可以光明正大地挥舞起来了。

《春天的故事》响彻神州大地，触动了大学生们的心。一个最明显的变化是，校园里经商的人多了起来，老师和学生都跃跃欲试，企业家精神初现，各显神通。一时间，校园内精彩纷呈，交易频繁。

1992年下半年，校园里各类商业活动也多了起来。女生们到新华书店，带回词典等书籍，进行代销。代销电影票成了常态。另外有同学卖信封和稿纸，也有同学卖毛巾和袜子。一时间，校园里到处都是摊点，尤其是食堂门口、宿舍楼门口，不出校门，就几乎可以买到所有消费品。通过不同地区的价差进行套利，是部分具有商业头脑的同学的选择。

有同学摆起了台球桌，这是一个有风险的项目，因为需要购买台球桌，投入成本高。这是当时服务业的新业态。打台球还是当时的新时尚，大学生喜欢新时尚。20 世纪 80 年代中期，台球已经开始兴起，和卡拉 OK 一起。当时，台球纯属娱乐项目，虽然属于竞技性质，但是属于竞技性娱乐，一杆两球进洞（俗称"一蛋双黄"）是非常值得炫耀的，总体而言，台球具有奢侈品性质。直到后来丁俊晖①出现，大家才知道，桌球有特定的游戏规则，才知道有个名词叫"斯诺克"。从娱乐项目到竞技项目，职业化是市场的题中之义。看来，丁俊晖的父亲是极具市场敏感意识的，在传统体制外走职业化之路。后来网球选手李娜②的成功，也是因为选择了这一路径。

可能是因为校园里的商业活动太多、太频繁、太杂乱，学校开始整治，商业活动的管制风险出现了。小排档被拆除，不让乱摆摊了，台球桌被清出了校园。熙熙攘攘的校园又恢复了往日的平静。校园商事，只是少年企业家的一次历练，小荷才露尖尖角。

1995 年，已经在攻读硕士研究生的从山，开始用知识挣钱了。靠知识变现，人生因此不同。1995 年春天，研究生一年级下学期，从山到电大去讲授《国际市场营销》。外出授课，是研究生谋生的一种方

---

① 丁俊晖，1987 年 4 月 1 日出生于江苏省宜兴市，中国男子台球队运动员，斯诺克球手。8 岁接触台球，13 岁获得亚洲邀请赛季军。2014 年 12 月 3 日，世界台联宣布丁俊晖已确定在新的世界排名榜上跃居世界第一，成为台联有史以来第 11 位世界第一，同时也是首位登上世界第一的亚洲球员。2014 年登《时尚先生》杂志 12 月刊封面大片"年度先生特辑"。2015 年 1 月 30 日，世界台联官网公布新的一期世界排名，丁俊晖在世界台联排名重回第一位置。后在 2016 斯诺克 6 红球世锦赛决赛中首次获得 6 红球世锦赛冠军。

② 李娜，1982 年 2 月 26 日出生于湖北省武汉市，中国女子网球运动员。2008 年北京奥运会女子单打第四名，2011 年法国网球公开赛、2014 年澳大利亚网球公开赛女子单打冠军，亚洲第一位网球大满贯女子单打冠军，亚洲历史上网球女单世界排名最高选手。

式。年轻人，年轻而无畏，只要是经济管理类的课程，都敢去讲。当时，有些老师投身商海，造成教师资源稀缺，研究生就成了"替补"。当然，研究生授课的市场定价相对较低，但对一些学生来说仍具有吸引力。价格原理，供求规律，时刻发挥着作用。读研究生，从山感觉不能再向家里伸手，不能再给家里增加经济负担了。不仅从山如此，自力更生也是大部分研究生的选择。

从山当时到电大讲课的市场定价是每学时 10 元，一周 3 学时，这样每个月有 120 元收入。月末，去领课酬时，他总是哼着 1995 年春晚的流行歌曲《今儿个真高兴》——自己挣钱自己花，是真正令人高兴的事儿。每学期末，很多同学想方设法，通过各种途径寻找下一学期的课程，谋划着未来的收入流。每个人似乎都能找到讲授课程，不论是电大、夜大，还是成人教育。从山曾经教过一个班，所有的学生年龄都比研究生老师大。

让知识变现，这是同学们的本能和潜意识。讲课，成为知识变现的主要途径。从山还记得第一次实现知识变现的工作是为某公司翻译了一份资料，挣得 90 元钱。于是，他请研究生宿舍同学聚餐，一起大快朵颐，甚是兴奋。货币的力量，还是很厉害的。

从山在讲课的过程中，知道了一个叫李成儒的演员，他于 1985 年下海经商，渐渐成为先富阶层。这一年 9 月 22 日，美国、日本、联邦德国、法国、英国在纽约广场饭店达成协议，联合干预外汇市场。日元开始升值。20 世纪 90 年代初期，很多人开始炒外汇、炒股。人们开始谋求财产性收入。人们意识到，仅靠劳动收入致富是有限的，你不理财，财不理你，要让钱生钱。

马克思说得对，资本就是那只会下金蛋的母鸡。人们手中有了闲钱，炒股炒汇，就变成资本了。人们说，20 世纪 80 年代，摆个地摊就能赚钱；90年代，买只股票就能发财。当时的电影《股疯》，用轻喜剧的形式描绘了90年代全民炒股的疯狂热潮。90年代初期，已经很富有的李成儒也开始炒外汇、炒日元，斩获颇丰，成为北京奢侈品消费者的典型代表。1995年1月，日本发生关西大地震，导致股市、汇市、期市激烈震荡。当年的巴林银行倒闭事件，就源于这次大地震。遭遇大地震，日元就会贬值，这是大多数人能想到的。但没想到的是，美日汽车贸易谈判破裂，墨西哥发生金融风暴，为稳定披索汇率而大量抛售美元。日元又快速升值了，美国人不管不问，1995年4月，日元创下"二战"后最高纪录，美元与日元的汇率比为1美元兑79.75日元。外汇市场风云突变，李成儒的巨额资金化为乌有。

20世纪80年代，勇敢的人们投身市场，充分享受商品市场红利，成为先富阶层。先富阶层率先进入资本市场，追逐资产价格，享受资本市场红利。先富阶层的示范效应是巨大的，人们似乎发现了劳动之外的收入来源。"就怕没有钱"的人们，开始谋求如何挣更多的钱。"让钱生钱"这一理念很快在人们心中生根发芽。

1996年，有一天，从山在公共汽车上，听见几位老人争论："你说，到底股票价格是由谁决定的？它和我们到市场上买件衣服有什么不同吗？"一向靠劳动挣钱的老人们，懵懵懂懂地知道，股票是一个可以赚钱的东西，尽管他们不知道为什么能赚钱。他们讨论投不投钱去买股票，投多少，投什么。钱到哪里去，这是一个问题。

后来发现，无论走到什么地方，似乎每个人都在谈论股票，无论是鲜衣华盖之辈，还是引车贩浆之流。这个场景，多次再现。1996年如此，2007年如此，2015年还是如此。历史真是惊人的相似。行随心动，心随钱动。"看不见的手"发挥着其特有的魔力。

证券市场，给人们提供了工作之外的收入来源，也给人们带来极大的困惑。人们意识到，原来生活可以这样。财产性收入进入百姓家的初始图景，在人们心中掀起了巨大的波澜。炒股，赚钱，一下子解放了依靠单位工资的约束。人们激情昂扬，却不知高收入与高风险如影随形。不管如何，股市成了自由人的财务自由联合。

1996 年，是我国第一个全民炒股的时代。之前，炒股是先富阶层、先知先觉阶层率先行动，这一年，寻常百姓也在炒股。而这一年的股市跌宕起伏，让人思考人生。

新年伊始，股市跌得一塌糊涂，没有人知道这一年会怎样。1 月 19 日，沪指盘中出现新低 512.83 点，一波大行情就此拉开帷幕。以深发展为首的绩优股率先发力，深科技在短短 3 个交易日内，股价从 7.09 元涨到 20.99 元，涨了近 2 倍！此后各色股票纷纷登场。琼民源的股价在 1996 年里涨了 10 倍！股指的涨幅同样惊人，到当年 12 月，上证指数基本翻倍，盘中最高见于 1 258.69 点。1996 年 10 月底，管理层在 1个月的时间内连发 12 道 "金牌" 提示风险，股市仍然止不住地涨。

1996 年 12 月 16 日，《人民日报》发表题为 "正确认识当前股票市场" 的特约评论员文章，指出对于目前证券市场的严重过度投机和可能造成的风险，要予以高度警惕，要本着加强监管、增加供给、正确引导、保持稳定的原则，做好八项工作。

这给发烧的股市狠狠浇上了一盆冷水——当日开盘 4 分钟内，两市 499 只股票，除 6 只停牌外，几乎全部跌停！大盘几乎连续三天跌停，上证指数最低跌至 855 点。

走在路上，人们见面问的是 "涨了吗"，得到的回答常常是令人失望的 "跌了"。初入股市的人们，被市场狠狠地教育了一下。成长，总是要交学费的。而当时股民天真地以为股市不会跌。

1996 年 12 月，国务院副总理朱镕基在一次会上指出："为什么暴涨？大家都认为，香港一九九七回归之前，政府绝对不会让股市掉下去，否则，政府的面子不好看。以为买股票就必赚，因此今年 9 月份后新的股民进入得比较多，几个月的时间增加了 800 万户，现在有 2 200 万户人了。大概有近 40% 的城市人口与股票有千丝万缕的联系，股市牵动人心啊。"①

人们思考钱往哪儿去，却产生了一个宏观效果。人们不敢多花钱，就怕没有钱了，人们想着多挣钱；在消费扩张与升级后，消费的冲动消退，消费需求开始不足，钱就都跑到股市了。

与此同时，在神州大地，外商投资正在汹涌而来，各类生产线、生产车间相继出现，国内生产亦风起云涌。生产能力、供给能力，大幅上升。

在此消彼长、不知不觉中，1995 年之前的"短缺"现象不见了，"过剩"现象慢慢出现，卖方市场不见了，买方市场出现。供求格局的转换，悄然完成了。

---

① 《朱镕基讲话实录》编辑组编：《朱镕基讲话实录》（第二卷），北京：人民出版社，2011年，第 377－378 页。

第七章

跨时均衡

一、 通胀来袭

1994 年这一年，通货膨胀率超过 20%，也就是说，100 元钱，到了年底，其购买力还不到年初的 80%。大家被通货膨胀税狠狠地剪了一次羊毛。1976 年诺贝尔经济学奖获得者弗里德曼说，通货膨胀是小偷。但更多人说，通货膨胀是"世界上的头号窃贼"，往往不声不响地从所有人手中窃取财富。此话千真万确，因为 1994 年的人们切实感受到了。1988 年，通货膨胀率超过 18%，这是人们害怕价格上涨、预期自强化的结果，抢购风潮这一个体理性而集体不理性的合成谬误出现了。但 1994 年，没有发生抢购风，在一定意义上讲，人们也不敢抢购了，因为谁也不知道未来会发生什么，存量改革正在影响着每一个人。

　　通胀还是那样的通胀，人还是那些人，但人们的理性选择却不同了。从 1988 年的抢购到 1994 年的不抢购，每一个人都在用心感受着市场。他们意识到，传统的单位福利制度正在逐步解体，未来的生活只能靠自己把握，每一个自主决策都可能影响未来的生活。在人们的目标函数中，考虑的因素越来越多，人们第一次意识到，需要基于整个生命周期来做决策。市场是最好的老师，使每一个人都快速成长，1988—1994年，仅仅 6 年时间，中国的市场经济就具备了较好的人口学基础和社会心理学基础。此刻，人们似乎切实感受到：制度重于技术。这也是著名经济学家吴敬琏[①]一直主张的。

　　1994 年为什么会发生通货膨胀呢？弗里德曼说，通货膨胀永远是一种货币现象。这是有道理的。物价持续上涨，无非就是太多的货币追逐太少的商品。此刻，国内商品供应日渐丰富，短缺现象正在逐步消失，比如说粮票消失了。可见，这次通货膨胀就是由于货币太多了。既然如此，那就要把货币量及其增长速度控制下来。1992 年"春天的故事"发生以来，中国经济进入快车道，到 1993 年经济就出现过热现象。经济过热，政府就要管一管——宏观调控。宏观调控的基本原则就是逆经济风向而行。经济过热，调控就要紧缩。1993 年 6 月 24 日，国务院

　　[①]　吴敬琏，1930 年 1 月 24 日出生，南京人，是当代中国杰出经济学家、著名市场经济学者。现任国务院发展研究中心研究员、国务院信息化专家咨询委员会副主任、国务院发展研究中心学术委员会副主任，为国务院历届总理的座上宾，中国企业发展研究中心顾问；南京大学、复旦大学著名校友，香港浸会大学、香港大学荣誉社会科学博士。1984—1992 年，连续五次获得中国"孙冶方经济科学奖"。2003 年获得国际管理学会（IAM）"杰出成就奖"；2005 年荣获首届"中国经济学奖杰出贡献奖"。

紧急出台的宏观调控 16 条措施①，就是方向极其正确的调控选择。16
条措施中，有 11 条与金融有关、与控制货币量直接相关。时任中共中
央政治局常委、国务院副总理朱镕基，兼任中国人民银行行长，就是要
雷厉风行地把过快增长的货币量压下来。1993 年，堪称中国市场经济
的调控元年。

但 1994 年，通货膨胀还是发生了，货币量增长快了。原因之一是
1994 年初人民币官方汇率与市场汇率并轨②。人民币汇率相当于从 1 美
元兑 5.7 元贬值到 8.7 元，1 美元整整升值了 3 元人民币。人民币的贬
值，带来了出口的快速增加。企业挣回的美元，卖给中央银行，中央银
行付给企业人民币，企业的银行存款增加，随着银行系统货币创造功能
的运行，经济系统中的货币量快速增加。过多的货币追逐商品，物价就
快速上涨了。一个小小的制度变化，就引起了宏观经济的巨大变化，

---

① 即以下 16 条措施：①严格控制货币发行，稳定金融形势；②坚决纠正违章拆借资金；
③灵活运用利率杠杆，大力增加储蓄存款；④坚决制止各种乱集资；⑤严格控制信贷总规模；
⑥专业银行要保证对储蓄存款的支付；⑦加快金融改革步伐，强化中央银行的金融宏观调控能力；
⑧投资体制改革要与金融体制改革相结合；⑨限期完成国库券发行任务；⑩进一步完善有价证券
发行和规范市场管理；⑪改进外汇管理办法，稳定外汇市场价格；⑫加强房地产市场宏观管理，
促进房地产业的健康发展；⑬强化税收征管，堵住减免税漏洞；⑭对在建项目进行审核排队，严
格控制新开工项目；⑮积极稳妥地推进物价改革，抑制物价总水平过快上涨；⑯严格控制社会集
团购买力的过快增长。

② 人民币汇率制度分为若干时期：①1949—1952 年，汇率剧烈波动，如 1949 年 1 月 18 日，
1 美元兑 80 元人民币（旧人民币）。②1953—1972 年，汇率基本稳定，保持在 1 美元兑换 2.46 元
人民币的水平上。③1973—1980 年，汇率从 1973 年的 1 美元兑换 2.46 元逐步调至 1980 年的 1.50
元。④1981—1984 年，双重汇率制度，除官方汇率外，另行规定一种适用进出口贸易结算和外贸
单位经济效益核算的贸易外汇内部结算价格，固定在 2.80 元的水平。官方汇率，兑美元由 1981
年 7 月的 1.50 元向下调整至 1984 年 7 月的 2.30 元。⑤1985 年至 1991 年 4 月复归单一汇率制度，
从 1984 年 7 月的 2.30 元下调到 1985 年 1 月的 2.80 元，之后又多次下调。虽然恢复单一汇率制
度，但随着留成外汇增加，调剂外汇交易量越来越大，价格越来越高，名义上是单一汇率，实际
上又形成了新的双重汇率。⑥1991 年 4 月至 1993 年底，对人民币汇率实行微调，但赶不上出口换
汇成本和外汇调剂价的变化。到 1993 年底，人民币兑美元官方汇率与调剂汇率分别为 5.7 和 8.7。
⑦1994 年 1 月 1 日取消双重汇率制度，官方汇率与市场汇率并轨，实行以外汇市场供求为基础的
单一的有管理的浮动汇率制。

"蝴蝶效应"①　真是无处不在。这是宏观调控知识储备的不足，是市场经济发展需要交的学费，是市场意义上宏观调控的学费。

天下没有免费的午餐。经济学讲求的是两利相权取其重，两害相权取其轻，但要做到是很困难的。1995 年，经济学界爆发了若干大争论。首先，林毅夫和张维迎关于国企改革问题的争论被媒体誉为北大"交火"事件。林毅夫从制度适应性的分析出发，强调当时国有企业的主要问题是不公平竞争条件下形成的软预算约束，企业改革的核心是创造公平竞争环境。张维迎则从现代企业理论出发，强调剩余索取权和控制权安排（即所有权）的重要性，认为改革的出路在于将企业中的国有资本变成债权、非国有资本变成股权。另一个更为宏观的争论是，控通胀还是保就业。我国两位著名经济学家吴敬琏和厉以宁②就通胀和失业问题各自发表了意见。吴敬琏强调治理通胀，厉以宁则认为失业是首要问题。争论，很难以输赢论成败，所以我们不能只关注争论的输赢，而应注意背后的逻辑及其与现实的契合。这一切都在表明市场化的过程并

----

①　美国气象学家洛伦兹（Lorenz）1963 年提出蝴蝶效应（The Butterfly Effect）：事物发展的结果，对初始条件具有极为敏感的依赖性，初始条件的极小偏差，都将可能会引起结果的极大差异。1979 年 12 月，洛伦兹在华盛顿的美国科学促进会的讲演中举了个形象的例子：一只南美洲亚马孙河流域热带雨林中的蝴蝶，偶尔扇动几下翅膀，可能在两周后在美国得克萨斯州引起一场龙卷风。此后，"蝴蝶效应"之说不胫而走。其原因在于：蝴蝶翅膀的运动，导致其身边的空气系统发生变化，引起微弱气流的产生，而微弱气流的产生又会引起四周空气或其他系统产生相应的变化，由此产生连锁反应，最终导致其他系统的极大变化。一件表面上看来毫无关系、非常微小的事情，可能带来巨大的改变。

②　厉以宁，江苏仪征人。著名经济学家，1951 年考入北京大学经济学系，1955 年毕业后留校工作，任教至今。北京大学光华管理学院名誉院长、博士生导师。曾任北京大学社会科学部主任七、八、九届全国人大常委，七届全国人大法律委员会副主任，八、九届财经委员会副主任，第十、十一届全国政协常委、经济委员会副主任，第十二届全国委员会常务委员会委员。主持《证券法》和《证券投资基金法》的起草工作，因在经济学以及其他学术领域中的杰出贡献而多次获奖，包括"孙冶方经济学奖"、环境与发展国际合作奖（个人最高奖）、第十五届福冈亚洲文化奖——学术研究奖（日本）、第二届中国经济理论创新奖等。因论证倡导我国股份制改革，被尊称为"厉股份"。2013 年第十四届 CCTV 中国经济年度人物颁奖晚会上荣获 CCTV 中国经济年度人物终身成就奖。

非坦途，每一个人都被市场裹挟着，颠簸向前。

二、 青年买房

　　2000 年，从山博士毕业之后到广州工作，在一所高校当老师。1997 年从山和瑞雪的小女儿结婚了。从山一家到广州，首先要解决住的问题。由于没有享受到单位福利分房，从山一直租住在学校的周转房里，两室一小厅。当时孩子太小，需要人照顾，而夫妇俩又工作繁忙，没法顾及孩子，于是，带孩子成了一个问题。当时虽然家政市场已经蓬勃发展，但青年教师还是没有能力雇佣家政人员。一是因为收入太低，刚刚参加工作，有点"一穷二白"，第一次领工资，数额之少，令人惊诧，以致从山觉得，学校的工资水平完全与广州的改革开放前沿地位不匹配。二是因为房间太小，很难再容纳一个人。此时的解决办法只能是请父母过来帮忙。瑞雪在女儿的盛情邀请下来到广州。家庭成员之间相互照顾，这一非市场化的行为，似乎依然是中国家庭的主流模式。的确，亲情关系不容易被商业关系所替代。家庭依然是风险分担与风险化解的微观基础。

　　上有老，下有小，如此蜗居，没有书房，没有一张专门的书桌，连电脑桌也是紧紧张张地放着，居住空间扩大就成为从山边际效用最高的事情，也是最为急迫的事情，这就是刚需啊！

　　为什么说是刚需呢？难道学校的房子不可以一直租住下去吗？理论上可以，但充满着不确定性，万一学校要收回房子怎么办，这是每一个租房教师都要考虑的问题。其实，租客与房东角色不同，理性计算不同，行为方式必然不同。

从山到广州工作时年方 29 岁，一身书生气息，颇有"恰同学少年"的韵味。正因为如此，他容易和学生打成一片，课上互动课下聊。学生与他聊的范围比较广，经济学、历史、哲学、社会学等都有所涉猎，学习、生活、情感等皆有覆盖，话题无禁区，师生有纪律。

2003 年 6 月底的一天，从山接到一个常和他聊天的学生的电话："老师，今天晚上有空吗？我要毕业了，离校前想和你聊聊。"从山和学生的约定，从来都是有时间就聊，没时间就另约，不会有负担。恰好那天有空，他就说："你来吧，晚上 7 点。"

7 点准时响起了敲门声。这也是从山对学生的要求——准时。迟到，就是浪费别人的时间。从山一开门，这位同学就说了一句话："老师，我一看防盗门，就看出来贫富差距。"从山说："你说了一句实话，描述了一个事实，看来今天晚上有话题聊了。"从山对学生的聊天要求是真实，话语要是真实的表达，否则聊天就没有意义。

学生看到了什么？那楼每单元每一层住两户，邻居家的防盗门是豪华型的，很漂亮，而从山家的防盗门是极其简陋的，是钢筋铁栏杆。的确，学生说了实话，一看防盗门就看出了从山和邻居家的贫富差距。学生说实话，从山很高兴。学生善于观察，从山更高兴。从山要求学生一定要多观察现实世界，力图发现背后的经济学逻辑。

君子之交淡如水，一杯清茶落座。

从山说："谈谈吧，四年大学的感受，说实话。"

学生说："说实话，这四年，啥都没学到。"

从山说："谢谢你，对我说了实话，这可能不仅是你一个人的感受，也是很多同学的感受。这句话，是否变成另一种说法更为准确：四年学了很多课程，觉得都没有什么用。"

学生说："嗯，对对。您的说法更准确。"

从山说："为什么会有这种感受呢？可能是你们学的知识还没在工作中用到，你们有判断滞后性。当用的时候，才知道有没有用。比如说，我们经济学有用吗？"

学生说："老师，您举个例子。"

从山作为一个经济学老师，使命是经济学布道，要把经济学原理和经济学逻辑讲清楚才行。所以，他喜欢通过举例子或讲故事来讲经济学原理，学生也很喜欢这一方式。

从山说："比如，你刚刚说的那句话：一眼就看出了贫富差距。这是事实。老师刚刚参加工作，收入不高，比较穷。对门邻居家，比我家富多了。但你除了看出贫富差距，还看出了什么？仔细想一想，有没有新发现？"

学生问："老师，您是什么意思？能不能提示一下？"

看待问题，角度和切入点很重要，找准切入点，问题往往也就迎刃而解了。所以，这位学生在寻找切入点。

从山说："我讲过，古人有句话说得很好：'有恒产者有恒心。'对应的是：'无恒产者无恒心。'能不能深入分析一下防盗门。"

学生说："老师，还没找到门道，您还是帮我分析分析吧。"

这不怪学生，因为他不了解一些背景。

从山说："老师我就是'命苦'之人。广州市福利分房于1999年底结束。我2000年7月初到学校报到并开始工作。只差半年时间，没有享受到传统福利体制。'命苦'啊！我现在住的是周转房，学校租给我临时住，租金不高。学校拥有所有权，我只有暂时的使用权。邻居家福利分房，享受到传统福利体制的优越性，所有权是他们家的，使用权当然也是他们家的。"

学生说："您说，产权问题产生了防盗门的差异。我知道了，您不是装不起好一些的防盗门。您可能是不愿意装好一些的防盗门，是吧？"学生真是聪明！

从山继续说："装防盗门，可以看作一个经济决策。经济决策，就要进行成本收益分析吧。装防盗门的收益是什么？成本是什么？收益就是心理的安全感。防盗门能不能防盗，在于有没有碰到开锁高手，如果真碰到，几分钟就打开了。之所以讲是心理安全感，是因为我在课堂上讲课时，如果家中没有装防盗门，心中会惴惴不安。如果装了，那就感觉安全了，毕竟还有一道防盗门。"

学生说："那收益就知道了，就定了。成本呢？"

从山继续说："装防盗门，在收益既定的情况之下，花多少钱，要看什么呢？'有恒产者有恒心'就发挥作用了。产权就起作用了，合约就起作用了。我租学校的房子，谋求成本最小化，就装了一个最简陋的防盗门。邻居家有所有权，防盗门一定还有其他效用，就装了一个豪华的防盗门。"

学生豁然开朗地讲："产权差异，决定防盗门差异。用经济学逻辑确实可以分析身边的很多事儿。所谓透过现象看本质，就是这个意思吧。"

…………

闲聊若干后，学生满意而归，从山心下释然，经济学的心灵对话感觉很好。

人世间很多事情无法言说。就在学生毕业后的那个暑假，邻居家被盗了，小偷破门而入。而从山家却安然无恙。为什么会这样？可能是防盗门的信号显示发挥了作用。当小偷来到这一楼层，一定也要选择，时间有限，偷哪一家呢？小偷也通过防盗门，一眼看出了差距，做出了行动选择。

有恒产者有恒心。这一道理，放之四海而皆准。

其实，2001 年，单位附近有一个新开的楼盘，均价每平方米 4 000多元，是一个不错的选择。从山有需要，但没有支付能力，需要就没有转化为需求，无奈就错过那个楼盘了。穷，就是钱少，就是收入预算约束线比较靠左，消费组合选择空间小。由于刚参加工作，工资比较低，那么。增收就成为第一要务。作为一名青年教师，增收只能靠知识变现。

知识怎么变现呢？赤手空拳来到广州，没有社会关系，没有课题项目，职称没有上去，无法参加可形成现金流的学术活动，很难形成多元化的收入体系，只能靠讲课了。讲课，成为当时"青椒"（青年教师）知识变现的主要途径。当时的周末，从山基本上都是在讲课或者讲课的路上，这是一枚"青椒"的生存之路。

在生活面前，诗和远方都是奢侈品，虚无缥缈，为提高生活品质而储备支付能力才是王道。本着增收节支的基本原则，从山终于有了一些货币剩余来支付首付。2004 年，单位附近一个新楼盘开张，从山夫妇决定把需要转化为需求，尽管就要开始为银行打工的生涯，但按揭贷款还是必然的选择。

按揭贷款，就是以未来收入流作抵押，折现到现在，获得贷款，一次性支付房款。这是一个典型的金融工具，是基于生命周期的经济决策。但对于年轻人而言，未来到底如何，他们心里是没有底的，尽管每天都在努力工作。每个月 4 000 多元的房贷，压力不小，尤其是相对当时的工资而言。

这时候，从山想起了朱镕基总理 1998 年回答记者提问时提到的住房体制改革，住房货币化，他切切实实地感受到了。压力，就是动力。为了美好生活而努力奋斗，这是每一个"青椒"在做的事情。

2003年，当上海房价上涨时，从山还专门组织学生讨论温州炒房团为什么选择上海而不是广州。2004年5月，在面试一位上海的研究生考生时，他了解到上海徐家汇房价已经高达17 500元。从山当时甚为惊讶，心想如果在广州也是这样的价格，岂不惨了。于是，从山和金融工具握手，迈上了美好生活的起点。

花花世界是最好的老师。从山当年读金融类的书，对没有实践过的金融工具，总想考虑清楚其逻辑，又有些不太明白，按揭也是如此。

从山记得在中国人民大学读博士期间，有一段时间对消费信贷很感兴趣，了解到美国住房信贷资产证券化已经做了30多年，但对这个金融衍生品到底是怎么回事，并没有搞清楚。结果，在广州一买房，关于按揭的所有东西都懂了。就像当年学习汇率，对汇差变化及其影响不甚了解，后来出一趟国，就全明白了。

买房的经历，使从山突然发现，金融是个好东西。金融就是这样，可将今天和明天的价值交换，金融就是折现器。从山记得，2004年《政府工作报告》说，"发展消费信贷，完善消费政策，改善消费环境"；2005年《政府工作报告》说，"稳步发展消费信贷等新型消费方式"。消费信贷，逐步进入宏观政策的视野。

多年后，从山读诺贝尔经济学奖获得者希勒的《金融与好的社会》一书，一下子就想到了2004年的买房经历。幸好，2004年买房了。此后的房价扶摇直上。这要感谢此前蜗居的出租房，感谢金融工具。

三、 新生力量

2005 年，有一天，有几个学生找到从山，给他一篇研究报告，请他帮忙修改一下，准备参加全国的"挑战杯"学术作品比赛。报告的题目很有意思——"20 世纪 80 年代初出生大学生生育意愿调查"。

1982 年正式施行计划生育政策，假如 1983 年生孩子，第一代独生子女将在 2005 年前后进入职场，随后进入婚姻殿堂。这一代人的行为，关系着祖国的未来。学生们敏锐地抓住了这个重大现实问题，可喜可赞！

这几个学生调查了全国 9 个省份 21 所大学的 4 000 多名大学生，结果令人吃惊：多数大学生不愿意多生；部分大学生不愿意生；部分大学生甚至不愿意进入婚姻的殿堂。虽然只是一个抽样调查，但第一代独生子女的生育意愿不强却是现实。第一代独生子女主动"不生"，这会产生什么影响？看着报告，从山陷入沉思。

从山突然想起来，2004 年某一天，他所授课程的一个毕业生从外地出差到广州，请了几位在校同学和老师一起聚餐。吃完后，这个同学结账，其他同学按照平摊数额付给这位同学，一切正常坦然，"义利分开"，心与行动高度一致。

从山不了解 AA 制，从来没有实践过 AA 制，但当时一下子理解了 AA 制的优越性：各付各的，自用自付，心安理得，免得欠下别人请客吃饭的人情债。这是真正的市场理性计算。这份坦然，肯定是多年形成的，第一代独生子女之间一定是流行 AA 制的。从 70 后到 80 后，AA 制从不为人所知、不流行到坦然、流行，市场的理念精髓正在深入年轻人的内心，人们已经逐步适应理性计算，这是市场经济体制逐步完善的心理基础、社会基础和人口学基础。

随着 20 世纪 80 年代初出生的第一代独生子女进入职场，成立家庭，生育孩子，很多行为模式都发生了变化。这一年，法国巴黎百富勤发布研究报告，认为进入消费年龄阶段的中国独生子女，有可能给中国带来第三次消费高峰。他们追求消费、不注重储蓄、成为"月光族"，还"乐意花父母的钱"。

回想 1980 年以前，低工资和单位福利有保障，是"月月花光"，大家都是一样的。20 世纪 80 年代，随着国有企业放权让利，单位福利有所加强，员工收入增加，大家开始进行炫耀式消费和攀比式消费。20 世纪 90 年代，国有企业盘活存量资产，员工职位不稳定，收入充满着不确定性，大家开始进行基于生命周期的跨时均衡配置消费。21 世纪初，独生子女开始出现"月月花光"现象，但这与 20 世纪 80 年代以前的"月月花光"完全不同。

看到这份报告，从山想到一个极为重要的问题：谁为我们这一代人养老？独生子女不愿意生，人口老龄化越来越严重。老人的退休金是靠在职的人所缴的养老金来支付的，有点现收现付的味道。的确，社保账户的"空账运行"，是个人所缴社保金的所有权和使用权在时间上分离了。如果使用权的时间差和人口年龄结构变化匹配失衡，那么我们的未来就充满着不确定性。

如果第一代独生子女是"月光族"，其储蓄意愿低，货币剩余少。老人们则基本上是负储蓄，花以前的储蓄。这样，整个国民储蓄金额就很低甚至可能为负，那社会扩大再生产的资本从何而来？1994 年，美国的布朗提出一个问题：21 世纪，谁来养活中国人？他认为中国人口众多，会吃光全世界的粮食。这是国际上较早出现的"中国威胁论"。10 年之后，中国的"月光族"，如何养活中国的退休老人？这是一个问题！

弹指一挥间，又一个 10 年很快就过去了。

2015 年，随着国家全面放开二胎政策，生还是不生成了一个问题。这个问题，摆在了从山这群 20 世纪 70 年代初出生的人面前。

为什么要生孩子？加里·S. 贝克尔说过一句话很有意思：孩子是父母的玩具，可以增加父母的效用。此刻，再生一个，能不能增加效用，对于我们，这真是一个问题。这不仅仅是一个社会学问题，更是一个经济学问题。毕竟，从脑动（政策）到心动，从心动到行动，从行动到胎动，从胎动到婴动，这个过程充满着不确定性。即使孩子顺利出生，3 岁进入幼儿园，6 岁就要进入小学开始人生的竞赛，整个周期漫长，父母似乎难有出头之日。

贝克尔还说过一句著名的话：教育是最好的避孕药。的确，受过教育尤其是高等教育的人，会从生命周期的角度进行生育决策，生儿育女重在"精"而不在于"多"。女生们的教育水平更是起决定作用。从人口学和社会学意义看，教育一个男生，是教育一个人；教育一个女生，是教育一家人。女性关系到民族的未来，何止半边天。贝克尔说得很有道理。

对于 20 世纪 70 年代初出生的人们，此刻，心有余而力不足，毕竟身体要遵循自然规律，精力和体力逐步下降。勇敢者选择"生"，多数人选择"不生"，不是不想"生"，而是被动"不生"。第一代独生子女的生育意愿不强，这是主动"不生"。被动抑或主动，这是代际差异，更是社会变迁的真实写照，没有对错之分。从宏观逻辑上讲，应该选择

"生"；从微观个体讲，"生"的硬约束太多、太强。

记得有一年暑假回家看望父母，从山和老爸南树开玩笑："老爸，知道吗？'我'在养着'您'啊！"老爸是在90年代初退休的。

南树听了很生气："我不需要你养！我有退休金！"

从山笑道："老爸，别生气，我的意思是，'我们'在养着'你们'！"

南树说："什么意思，怎么回事儿？"

他意识到，学经济学的儿子可能有故事要讲。

从山说："'我们'指的是我们在职的人，现在工作的人；'你们'是指现在退休的人。"

南树问："这有什么关系？"

从山说："老爸，我问您几个问题，想当年您的工资高吗？"

南树答："不高。基本每月都花光。"

从山问："想当年您有个人退休金（养老金）账户吗？"

南树答："好像没有。"

从山问："想当年，您缴退休金了吗？"

南树答："好像没有。"

从山问："您现在有退休金了，您的退休金从哪儿来的？"

南树答："政府发的。"

从山问："政府发退休金的钱，从哪儿来的？"

南树答："政府的钱，就是政府的钱！"

从山笑了："政府的钱，可不是政府的钱！我们现在工作的人，每月都要缴（不是交）养老金，上网到我们自己的账户一查，数额还不少。但实际上，这些钱只是一个数据，钱已经被政府拿去，给你们退休的人发退休金了。我们是空账运行啊！如果领退休金的人多了，在职缴养老金的人少了，就会出现缺口，退休金就不够发了。政府也就没有钱了。"

南树释然了："喔喔，原来是这样啊！"

的确，养老金个人账户是从 1991 年才开始设立的。

从山继续说："等我们这些人退休了，就要靠您的孙子一辈来养我们了！"

这段对话，一直存在青年教师的脑海里。的确，社保账户的"空账运行"是一个大问题。随着老龄化的到来，需要更多在职的人缴养老金。但如果计划生育政策不放开，随着健康水平和医疗技术的提高，独生子女家庭结构由"4：2：1"（一对夫妇对应 4 位老人）会逐步演变成"8：4：2：1"（一对夫妇对应 12 位老人），养老负担很重！

所以，二胎政策的放开，从经济学的角度看是及时的，是必需的。但 70 后的被动"不生"，80 后的主动"不生"，90 后"生"或"不生"的不确定性，都意味着人们的健康未来，取决于下一代的生育决策。可见，要想很好地"老吾老"，必须很好地"幼吾幼"。家庭如此，国家也是如此。

附：养老保险体制变迁

我国养老保险制度前身为国家劳动保险。1951 年颁布《中华人民共和国劳动保险条例》。1953 年通过《关于中华人民共和国劳动保险条例若干修改意见的决定》，企业按工资总额 3% 提留劳动保险基金，其中 70% 留给基层工会用于支付各种劳动保险待遇，30% 上缴全国总工会在全国范围内调剂使用。1955 年颁布《国家机关工作人员退休处理暂行办法》。1958 年颁布《关于工人、职员退休处理的暂行规定》。几乎所有城镇全民所有制企业、机关企事业单位都建立了养老保险制度，属于现收现付制。1966—1977 年，养老保险制度建设处于停滞状态。财政部 1969 年下发《关于国营企业财务工作中几项制度的改革意见》，规定国营企业一律停止提取劳动保险金，企业退休职工、长期病号工资和其他劳保开支改在营业外列支。全国不再统一筹集养老保险基金，每个企业按照各自养老金负担筹集费用，退休人员退休金是从当期企业利润中提取，本质上是现收现付制。

1980 年《中外合资经营企业劳动管理规定》和 1983 年《中外合资经营企业劳动管理规定实施办法》都要求中外合资企业按照国营企业标准支付职工劳动保险费用。1983 年《关于城镇集体所有制经济若干政策问题的暂行规定》，规定城镇集体企业在缴纳所得税之前提取一定数额的社会保险金，逐步建立社会保险制度。仍然属于现收现付制。1983 年和 1984 年两步"利改税"，营业外列支的劳动保险费用与企业能够留存的利润多少有直接关系，老职工多的企业退休包袱过重，退休费用社会统筹机制开始在国有企业试点推广。

1991 年 6 月国务院颁布《关于企业职工养老保险制度改革的决定》对养老保险筹资模式进行改革，提出要改变养老保险完全由国家、企业包下来的办法，实行国家、企业、个人三方共同负担，职工个人按本人工资的 3% 缴纳养老保险费，并逐步建立起基本养老保险与企业补充养老保险和职工个人储蓄性养老保险相结合的制度。

1993 年十四届三中全会通过《中共中央关于建立社会主义市场经济体制若干问题的决定》提出社会保障制度改革三个原则，肯定个人账户的作用，提出城镇职工养老保险实行社会统筹和个人账户相结合的模式。1994 年试点工作全面推开。

1995 年 3 月国务院在试点基础上，颁布《关于深化企业职工养老保险制度改革的通知》，1997 年 7 月颁布《关于建立统一的企业职工基本养老保险制度的决定》明确要在全国范围内建立统一的社会统筹与个人账户相结合的养老保险制度，其中社会统筹采用现收现付制，个人账户采用基金积累制。

四、 资本舞者

在迈向美好生活的路上，每一个人都深知：幸福是奋斗出来的。每一个人都在奋斗着，运用着自己的生产要素和才华谋求多元化的收入，尤其是来自资本市场上的收入。

即使是成功的资本舞者，也要经历风风雨雨。的确，天下没有免费的午餐。市场，一定要经历过，才能深刻领会。从山小时候，读唐代杜甫《茅屋为秋风所破歌》里面那句"安得广厦千万间，大庇天下寒士俱欢颜，风雨不动安如山"时只是觉得：有间房子住很重要。但2000年以来，房地产给人们上了一堂生动的、令人记忆深刻的、超乎想象的经济学课程，普及了经济学的知识。从山所指导的一位研究生在工作后，说了这样一段话："老师，这一年，比我过去18年的学校学习得到的东西都要多，很多经济学逻辑都懂了。"Learning by doing（干中学），看来是很有道理的。

2003年，当温州炒房团、煤炭炒房团在上海兴风作浪的时候，普罗大众开始模糊地意识到住房市场的起飞。1998年我国开始停止住房实物分配，逐步实行住房分配货币化①，一个巨大的住房市场正蓄势待发。但是，谁也没有想到，从 2003 年到 2017 年，房价疯狂上涨了 15 年，2005 年普涨，2007 年快涨，2009 年短暂徘徊之后又涨，2010 年普涨，2014 年后疯涨，房子的产品属性（居住）完全被其金融属性（套利）所压制、主导，以至于 2016 年 12 月中央经济工作会议提出"房子是用来住的，不是用来炒的"。如何压制或减少房子的金融属性，引导其回归产品属性，成了一道难题中的难题。

无论是资本家还是有房者，人们最大的心理分野是体会到财产权极其重要。"有恒产者有恒心，无恒产者无恒心"，这与求学期间的初识新制度经济学，似乎有了一种呼应。现实，比书本更加鲜活。

从劳动收入迈向财产权收入，是一步巨大的跨越。劳动收入，多依附于单位，无论是资本雇佣劳动的企业，还是全心全意为人民服务的公务员，以及"春蚕到死丝方尽，蜡炬成灰泪始干"的教师。财产权收入，不一定依附于某个单位，其背后更多的是个体的自由选择和才华的恣意挥洒。索洛②的新古典经济增长模型，经过费尔普斯的梳理，得出一个著名的"经济增长黄金律"结论：吃掉你的劳动所得，存起你的资本收益。这是有道理的，劳动所得保障一个体面的生活，存起资本收

---

① 我国传统的福利分房，是由国家和职工所在单位包下来投资建设好的住房，以实物形式直接分配给职工消费的，基本是无偿分配或近似无偿分配。1978 年邓小平提出关于住房制度改革的问题。同年 6 月，中共中央、国务院批准《全国基本建设工作会议汇报提纲》，正式宣布将实行住宅商品化的政策。1986 年以后，掀起第一轮房改热潮。1991 年 6 月，国务院颁发《关于继续积极稳妥地进行城镇住房制度改革的通知》，要求实行新房新制度，强调了国家统一政策的严肃性。1994 年 7 月 18 日，国务院印发了《关于深化城镇住房制度改革的决定》，内容包括把住房实物分配的方式改变为以按劳分配为主的货币工资分配方式。1998 年 7 月 3 日下发《关于进一步深化城镇住房制度改革、加快住房建设的通知》，明确指出在 1998 年下半年开始停止住房实物分配，逐步实行住房分配货币化。

② 罗伯特·索洛（Robert M. Solow），1924 年出生，因其对经济增长理论的突出贡献而于1987 年被授予诺贝尔经济学奖。1942 年、1949 年和 1951 年从哈佛大学获得文学学士、文科硕士及哲学博士学位。曾是美国联邦储备银行理事会的理事和主席（1975—1980 年）。1961 年荣获美国经济协会的约翰·贝茨·克拉克奖。1964 年任经济计量学会会长。

益保障"钱生钱"。

2015 年 6 月，某个晚上，从山接到一个毕业学生的电话，这个学生在深圳某银行工作。许多毕业的学生都经常和他联系，谈工作，谈生活，谈大势，谈琐事。青年教师感谢学生们，正是他们的时常联系使自己能够充分了解这个快速变化的花花世界。

学生说："老师，汇报一下近况，顺便和您商量一件事情，我想辞职。"

从山问："为什么要辞职？"

学生说："老师，我太累了。我在房贷部门工作，每天加班到晚上10 点、11 点，身体受不了啦。"

从山说："健康最重要。那就换一换吧。"

后来，学生就辞职了。树挪死，人挪活。学生很快又找到了非常合适其才华表现的工作。

但从山一直在思考学生辞职的原因。

2015 年深圳房价飞速上涨，深圳人都在炒楼，银行房贷业务急剧扩展。为什么这一次，是深圳引领全国房价上涨呢？我们知道，2003年，上海引领房价上涨；2009 年，北京引领房价上涨。2013 年后，在新一届政府调控下，2014 年房价徘徊，到年底，深圳就开始领涨了。

从山思考了很久，搜集了很多碎片化的事实和系统的数据，突然发现，原来到 2013 年底，中国的货币量已经超过 106 万亿元，这么多的钱都到什么地方去了呢？天量的货币，在寻求机会，寻求一个撬起市场的机会。

2014 年底，有一个未经证实的小道消息说，深圳要变成直辖市了。深圳要直辖，那房价肯定涨。天量资金蜂拥而来，爆炒深圳。深圳要直辖，那相邻的东莞、惠州部分地区要划归深圳，于是东莞、惠州房价也快速上涨。虽然后来政府出来辟谣，但资本的力量已经不可逆转，房价开始上涨，珠海涨，中山涨；珠三角涨，全国涨。市场，在深圳海面扔了一块石头，却荡起全国的层层涟漪，甚至在部分地区掀起巨浪。

其实，房子这个东西，就是一个盒子，用来储存东西，当然，主要是储存人，让人住的。房子也是一个符号，一个特定的空间符号。这个符号，如同当年荷兰的郁金香，一旦遇到某种特定场景，其价格可能就飘忽不定了，就被炒作了。

房子一旦放到市场上，市场就要给它定价。但怎么定价呢？房子上市，不仅仅是房子本身，更主要的是房子周围的公共服务一起上市，就是所在的城市在资本市场上市。货币选票，选的不仅仅是房子，还是城市。所谓级差地租，就是房子周围的公共服务在市场上的表现。

所以，城市（及其背后的公共服务）就是房价的锚。不同的城市，货币选票自然决定了各自的锚在何处，资本可是很聪明的。同一个城市，房价快速变化，一定是因为某种原因导致太多的货币，但这个城市的锚可能不会低。

对于当前的房价问题，还是中央说得好："房子是用来住的，不是用来炒的。"住，体现的是房子的自然属性，可以自己住，也可以租给别人住。炒，体现的是房子的金融属性，低买高卖，通过价差套利。在自然属性和金融属性之间游移，房价就在市场上波动了。

中央说，房子不是用来炒的。这表明，当前房子金融属性主导了房价，迈入了地产造富时代，要使房子回到自然属性，要由自然属性主导房价，就要让地产造富时代谢幕。

金融属性为什么会主导房价呢？现在经济系统中的钱太多了，中国人民银行的统计数据告诉我们，2019 年 4 月中国广义货币供应量已经超过 188 万亿元（约 27.5 万亿美元），居世界第一。太多的钱，追逐太少的套利资产(房子),钱潮涌动,跑到哪儿,哪儿的房价就涨。一二线城市"补库存"与三四线城市"去库存"并存,因为钱跑去的地方不一样,其背后的锚也不一样。

电视剧《心术》有句台词说得好:其实涨的不是房价,而是货币发行量。此刻,房价涨和曾经出现的小众商品价格疯涨"豆你玩""蒜你狠""姜你军"的逻辑是一样的。哪儿有风吹草动,钱就会"汹涌而来",但一般不会"澎湃而去",除非到了非要获利回吐的关键时刻。

中央说,房子是用来住的。所以,各地方政府的房地产调控政策就是要限制金融属性的交易,鼓励自然属性的交易。限制金融属性的交易,限制套利机会,面对巨量货币冲动,市场手段短期内难以达到合意目标,就要寄希望于行政手段,于是网签受限,预售价受限。鼓励自然属性的交易,"租售同权""共有产权"等政策就出台了。

但钱潮仍在涌动。解决问题的终极路径,在于如何使交易者及利益相关者发自内心地不从自然属性迈向金融属性,而是从自己的利益出发,不再追逐金融属性。如何做到呢?如果交易者及利益相关者无利可图或者获利幅度较小,就没有动力去追逐金融属性了。那就要形成新的获利规则,金融属性体现的是财产,那就要对财产动手。而这只挥舞的普适之手,就是税。

未来3~5年内,房产税的靴子很可能落地。现在与房子有关的税,是流量税,有交易,有税收,无交易,无税收。利益相关者地方政府是希望做大流量的。未来房产税是存量税,无交易,也有税收,这恰好解决了"营业税改增值税"后地方政府主体税种缺失的问题,存量税下的地方政府与中央政府则容易保持步调一致。流量有限,存量无边。一旦政策落地,每个市的市长都会笑逐颜开,因为有房产就会有税收。

至于房产税能不能抑制金融属性则是未知的。房产税使套利者的获利空间下降，非套利者的持有成本上升。如果房价快速上升，获利增量大于税收增量，金融属性还是会畅通无阻的，但非套利者会择期抛售，改变供求格局。

更为重要的是，流量税时代，一次性交易后，房产增值收益包括公共服务的增值部分，都归房主；存量税时代，房产增值收益的一部分要通过税收流入政府的口袋，即使房价下降，增值为负，也有税收产生。因此，房产税改变的是预期，预期如何影响房价则因时因地而异。

未来 5～10 年，遗产税或资本利得税的靴子也可能会落地。这比房产税厉害，会更有力地抑制金融属性。展望 2030 年，"05 后"开始进入职场，开始步入婚姻殿堂。"05 后"们继承的数套房产，若需交房产税、遗产税或资本利得税，金融属性存在的人口学基础就被严重削弱了。金融属性也就不得不向自然属性靠拢。

"安得广厦千万间，大庇天下寒士俱欢颜，风雨不动安如山。"古人要的是房子的自然属性，发达经济体多数要的是房子的自然属性，我们呢？马克思在《资本论》（第一卷）序言中说："问题在于这些规律本身，在于这些以铁的必然性发生作用并且正在实现的趋势。工业较发达的国家向工业较不发达的国家所显示的，只是后者未来的景象。"①

---

① ［德］马克思著，中共中央马克思恩格斯列宁斯大林著作编译局编译：《资本论》（第一卷），北京：人民出版社，1975 年，第 8 页。

五、 资本澎湃

　　跨时配置资源，谋求一生收入最大化，人们逐利的冲动是很难抑制的。资本的力量，就是疯狂。但还有更为疯狂的。2015年6月5日，星期五下午，从山给某商会企业家讲经济形势与改革动态。互动时刻，照例碰到一个问题：未来股市走势如何？的确，2015年是第三次全民炒股时代，自然每一个人都会关心这个问题。2014年底以来，中国的股市开始了前所未有的疯狂。

　　从山说："股市走势，只有神仙才知道！但可以肯定的是，股市有点疯狂。""这一轮股市疯狂的主要原因，是配资。普罗百姓可以配资，可以以自有资金撬动数倍的资金进入股市，股市怎能不疯狂？这是疯狂的疯狂。""政府监管配资之时，就是股市衰落之日。股市一旦衰落，普罗百姓被平仓，将血本无归，一无所有。"

　　没想到，一语成谶。6月12日，周五下午，证监会发布了关于监管融资融券的通知。6月15日，股市开盘，从5 178点应声下落，至今不复返。后来听说，真的有人被平仓了，几百万元的资金化为乌有。

　　这是怎么回事呢？举例来说，你有100万元本金，到配资公司，按1∶4配资，就可以操作500万元的股票。一个涨停板，赚了50万元，相当于你的本金为150万元，可以操作750万元的股票。再一个涨停，赚了75万元，相当于你的本金为225万元，可以操作1 125万元的股票。这就是乘数的倍增效应，这就是乘数的力量。但反过来，乘数的力量也在发挥作用。

若上了一个跌停板，亏了112.5万元，最初那100万元的本金，就没有了。再一个跌停，又亏100多万元。再一个跌停，你就会被配资公司平仓，股票没有了，一切就都没有了。没有配资，即使跌停，但股票还在；有了配资，被平仓，股票就没有了。

不知道大家是否还记得，2010年4月16日，股市有了股指期货合约。从此，股市的信仰变了。此前，所有人都想着股市上涨。此后，有人希望上涨；有人则做空股指，希望股市下跌。一个信仰变了的股市，一个百姓也疯狂的配资，交集是必然的，平仓是必然的。资本市场的学费，真是极其高昂。

如果你爱一个人，请把他/她放到股市，因为那里有通往天堂之路；如果你恨一个人，也请把他/她放到股市，因为那里有走向地狱之门。股市像一面镜子，反映了社会百态，一有风吹草动，立刻剧烈波动，有蝴蝶效应，也有羊群效应。股市，不一定是经济的晴雨表，但一定是一幅百变人生图，喜也，悲也，皆在其间。

2015年的股市和楼市，来得有点疯狂。其实，是心在动，而不是风在动，是人疯狂了。经历即是所得。市场，是需要这些经历的，是需要这些记忆的。

价格，是最难驾驭的，也几乎不可能驾驭。价格的变化，可能是弹指一挥间，也可能是漫漫长路。总之，就是不听话。其实，价格是一面镜子，它的变动背后有其规律。

2003年以来，在神州大地上，房子是热门话题！房子的价格，那是一路飞，越飞越高！2003年至2007年，房价先是慢慢飞，接着就是快速飞。2008年下半年，房价碰到了金融危机，放缓了脚步。稍作停顿，2009年下半年又开始阔步飞。2013年，房价已高如天价，而后高位徜徉。2015 年，储蓄了货币能量的房价，一冲云霄。2015 年至 2017 年，长城内外，大江南北，无论一线城市还是四线小城，房价都至少翻了一番，有些甚至翻了两番以上。

2016 年底，中央经济工作会议说：房子是用来住的，不是用来炒的。2017 年，十九大说：房子是用来住的，不是用来炒的。2017 年底，中央经济工作会议说：房子是用来住的，不是用来炒的。

2018 年 7 月 31 日，中央政治局会议说：坚决遏制房价上涨。房住，就是其居住的自然属性；可以自己住，也可以租给别人住。房子租出去，那就是房东拥有所有权，租客拥有使用权，那就是使用权流动了。房炒，就是其套利的金融属性，就是低买高卖罢了。炒房，房主把所有权卖了，就是所有权流动了。

作为铁命令的"房住不炒"，地方政府这一次运用铁手腕紧紧摁住房子所有权的流动性：限购，限售，限签，限价，限拍……能限之处皆限。如果某地房价飞，则面临被通报，约谈……

一分耕耘，似乎应该一分收获。市长狠狠手，房价就徜徉一下，高位散步。但真心地说，市长的胳膊，是很难拗过房价背后货币大腿的。相信每一个市长心中都万马奔腾，但又只能"敏于行而讷于言"，谁也不知道能不能摁住房子所有权的流动性，靠什么才能摁住房子所有权的流动性。因此只能祈求，房价高位就高位吧，别再涨了！

这不，房子所有权流动性还没有被完全摁住，又出新的花样了。房租竟然飞起来了！部分城市的房租飞了，以 20% 的加速度，中心城市的房租飞了，一线城市的房租飞了……房租飞，表示房子的使用权越来越贵了！房子的使用权，有可能具有金融属性了。不让炒房子的所有权，那就可能去炒房子的使用权。

使用权的流动性，符合"房住不炒"的精神。看来，又一条"大腿"摆在了市长面前。中国城市化的推进，让人们汹涌而来，却并未澎湃而去。吃穿住行，唯有"住"，最让来到城里的人牵肠挂肚。不让买（所用权），那就租（使用权）吧。到哪儿租呢？人生地不熟，幸好有中介。

交易，最怕信息不对称。信息不对称，其实就是不知道真相。谁有信息，谁就有了主动权。"房住不炒"握手城市化，租赁市场笑哈哈，房产中介有了苦中作乐的新机会。中介曾经有过 15 年的灿烂春天，帮助资本炒房（所有权），那是赚得盆满钵满。现如今，只靠租房赚些中介费，实在是不过瘾，那就握手房东炒炒使用权吧。"我有房源我怕谁"，垄断的实质就是信息垄断。

于是，房租飞了，中介笑了，房东笑了，房客哭了。如果未来，房租一直越飞越高，市长心中又会发毛：还没有管住房价，怎么又来了房租？市长的行政胳膊，既要拗过货币大腿（房价），又要拗过城市化大腿（房租），很难很难。

房子是用来住的，是为满足人的生存需要。生存需要是有限的，人生在世，一张床足矣。房子是用来炒的，是为满足人的心理需要。心理需要是无限的，人们逐利的心理冲动也是无限的。所以，任何地区，想要实现"房住不炒"，就要满足生存需要，抑制心理需要。这么简单的逻辑，要想实现却不容易，其过程极其复杂。

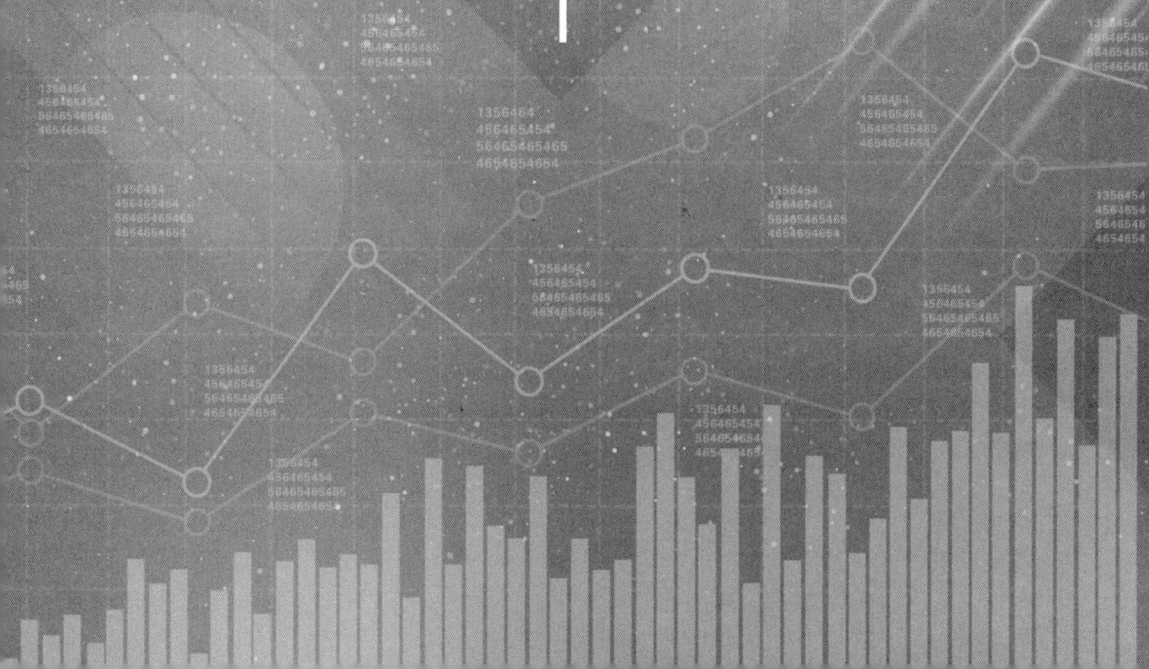

第八章

动态
升级

一、 看看世界

2010 年，中国是世界瞩目的中心。因为 2009 年，中国经济总量（GDP）已经超过日本，居世界第二。其实，2008 年中国制造业产值已经超过美国，成为制造业第一大国。20 世纪 90 年代初，中国的快速发展，被称为中国奇迹。2010 年，中国似乎又把奇迹往前推进了一大步。

这一切，需要一个展示的舞台。2002 年，中国获得世博会举办权，似乎一切就是为 2010 年这一年做准备。2010 年，上海成了世界瞩目的中心——世博会来了！国庆黄金周期间，从山和家人也到上海去了！蜂拥而来的人群，使节日期间的上海显得格外拥挤，不论是外滩、城隍庙、南京路还是其他地方。

世博会的场馆，则是景象各不相同，游客是有偏好的。各国（地区）展馆的参观人数，是与该国（地区）的经济发达程度正相关的。发达国家的场馆，有的需要排两个多小时的队才能进去；而一些欠发达国家的场馆，游客则随时可以进去。

中国馆，那是必然要去的地方。其最顶层是电子动态屏显示的《清明上河图》，展示着宋代汴京的繁荣。宋代以来，中国一直是世界的老大，1820 年经济总量接近世界的三分之一，之后开始衰落，世界地位也有所下降。2009 年，中国又回到了世界第二的位置。上海世博会，是中国全球化的一面镜子。世界是平的，市场是无限的。

世界那么大，人们想去看看。① 随着人们收入的增加，旅游休闲逐渐脱下奢侈品的外衣，走进了人们的日常生活。其实，20 世纪 90 年代中后期，中国旅游业已经开始蓬勃发展了，此时扩大内需成为基本国策。1999 年 5 月，中国首次出现"黄金周"，实行"五一"和"十一"七天长假制度。同年 9 月 18 日颁布的《全国年节及纪念日放假办法》规定，一年有"五一""十一""春节"三个长假节日。1999 年国庆"黄金周"，全国出游人数达 2 800 万人次，旅游综合收入 141 亿元，假日旅游热潮席卷全国，长假制度被视为拉动内需、促进消费的一大举措。2000 年 6 月，明确提出一年有三个"黄金周"。② 2018 年国庆"黄金周"，全国共接待国内游客 7.26 亿人次，同比增长 9.43%；实现国内旅游收入 5 990.8 亿元，同比增长 9.04%。

---

① 2015 年 4 月 14 日早晨，一封辞职信引发热评，辞职的理由仅有 10 个字："世界那么大，我想去看看。"网友评这是"史上最具情怀的辞职信，没有之一"。辞职者是 2004 年 7 月入职河南省实验中学的一名女心理教师，已经任职 11 年之久。如此任性的辞职信，领导最后还真批准了。2016 年 5 月 31 日，教育部、国家语委在京发布《中国语言生活状况报告（2016）》，"世界那么大，我想去看看"入选 2015 年度十大网络用语。

② 2008 年，五一法定假期从 3 天改为 1 天，增加清明、端午、中秋三个小长假。

　　旅游业，正逐步成为一个国家和地区的重要支柱产业[①]。而旅游，就是把资源资本化的过程，能够带来现金流。一个地方，要想发展旅游业，必须要有可资本化的资源。而很多地方资源是历史资源，祖上的很多东西，都有可能带来可持续的现金流。所以，历史是不能忘记、不能随意摧毁的，历史是需要保护的。旅游成为人们的消费需求，消费又一次升级了。

　　2016 年国庆期间，从山和家人来到了向往已久的敦煌[②]。敦煌，就是一座记忆之城。曾经，敦煌瑰宝不幸流失，而今，莫高窟宾客云集。从这个角度讲，敦煌是甘肃的，是中国的，是世界的。

　　游览莫高窟，令人颇为震撼，佛像栩栩如生，壁画绚丽多彩，虽历经千百年，依然新如昨日。如此稀缺、无法替代的历史记忆之体，成了人们心之所向。

　　如此精美的记忆之体，出自何人之手？工匠！这些作品是极具匠心的，是工匠精神的体现。这是让当代人震撼的，同时也让人感到不可思议，没想到工匠水平竟然如此高超，材料质量如此硬挺。

　　从山想，工匠云集莫高窟，或是被迫（皇权征调），或是自愿，但他们一旦从事这项事业，一定是有发自内心的使命感，或许他们心中充满着敬畏和自豪感。人，需要在可及之处努力，在不可及之处敬畏。工匠们做到了，对佛充满着敬畏，尽最大努力完成高质量的佛像和壁画。

---

　　① 2018 年中国全年国内游客 55.4 亿人次，比上年增长 10.8%；国内旅游收入 51 278 亿元，增长 12.3%。入境游客 14 120 万人次，增长 1.2%。其中，外国人 3 054 万人次，增长 4.7%；香港、澳门和台湾同胞 11 066 万人次，增长 0.3%。在入境游客中，过夜游客 6 290 万人次，增长 3.6%。国际旅游收入 1 271 亿美元，增长 3.0%。国内居民出境 16 199 万人次，增长 13.5%。其中因私出境 15 502 万人次，增长 14.1%；赴港澳台出境 9 919 万人次，增长 14.0%。

　　② 敦煌，位于甘肃省西北部，历来为丝绸之路上的重镇，是国家历史文化名城。敦煌东峙峰岩突兀的三危山，南枕气势雄伟的祁连山，西接浩瀚无垠的塔克拉玛干大沙漠，北靠嶙峋蛇曲的北塞山，以敦煌石窟及敦煌壁画而闻名天下，是世界文化遗产莫高窟和汉长城边陲玉门关及阳关的所在地。

从当时的社会看，将那么多的人力、物力、财力配置到佛像和壁画上，也许没有促进当时的经济发展，没有出现公路、运河之类的经济发展先行资本。但千年之后，它成为历史记忆之城、国际文化交流之城和国际旅游之城。

当年没有成为经济发展资本的记忆之体，千年之后成为敦煌的最大的资本，带来源源不断的收入流。只要莫高窟在，敦煌就会有滚滚现金来。这要感谢工匠，有了匠心，才有这千年奇观。正所谓：资本恒久远，匠心永流传。

敦煌之行，难忘剧目《又见敦煌》，因为该剧颇具匠心，观者潮水般地参与体验，这是一次难忘的经历。从山想，编导、剧务和舞台设计者，一定都有自己的信仰与使命。

从山记得，1999 年《政府工作报告》说："积极引导居民增加文化、娱乐、体育健身和旅游等消费，拓宽服务性消费领域。"2014 年《政府工作报告》说："要扩大服务消费，支持社会力量兴办各类服务机构，重点发展养老、健康、旅游、文化等服务，落实带薪休假制度。"2017 年《政府工作报告》说："加快发展服务消费。开展新一轮服务业综合改革试点，支持社会力量提供教育、文化、养老、医疗等服务。推动服务业模式创新和跨界融合，发展医养结合、文化创意等新兴消费。落实带薪休假制度，完善旅游设施和服务，大力发展乡村、休闲、全域旅游。"旅游，已经成为每年中央政府宏观政策关注的必不可少的领域了，这一政策精神已经持续了 20 年。

在从山和家人旅游的同时，他的很多朋友开始了自驾游。从山突然想起，2003 年以来，校园里的私家汽车逐渐多了起来，甚至很难找到停车的地方。这是继家电消费升级之后的又一次消费升级。中国似乎很快就进入了汽车社会。与此同时，居民消费很快迈向旅游，这一消费升级的冲动，似乎来得更猛烈一些。2010 年，从山家中购买了一部轿车，约花了 25 万元。南树听说儿子家买汽车，高兴地说："这在 20 世纪 80 年代是不可想象的。没想到，我们赶上日本，赶上美国了。"老人似乎想起了 20 世纪 50 年代"超英赶美"的口号。的确，21 世纪以来，中国进入汽车社会，已经与发达国家（或地区）齐头并进了。2018 年，中国乘用车产销分别达到 2 352.9 万辆和 2 371 万辆。相比美国市场的 1 730 万辆，中国汽车销量多出了 600 多万辆。汽车已经脱下奢侈品的外衣，成了日常代步工具。

对从山而言，除了房子之外，这是一笔最大的支出。人们的单笔消费大支出，似乎从几千元一下子跳到十万元级别，幅度之大，令人惊诧。

二、 电商妖娆

2011 年 11 月 11 日，周五早上，从山约了几个学生谈学术。结果，几个学生都迟到了，一问方得知，原来昨天晚上他们熬夜了。为什么熬夜呢？因为当日凌晨 0 时 0 分 0 秒开始，可以在网上抢购促销低价物品，价格比较划算，比商场便宜多了，所以每个人都抢购了一些东西。

从山问："平时不可以网购吗？"学生说："在这个特定时间，要快，才能抢到更便宜的。"时间就是金钱，真的没错。看来，学生对价格变化还是很敏感的。这是好事情，知道理性计算，本能地理性，这是市场经济的微观基础。

"抢购"这个词，从山好久没有听到了，感觉这是 20 世纪 80 年代的事情。此时的他，尚没有网购的习惯，但他知道，新事物来了。

原来，从 2009 年起，每年 11 月 11 日，以天猫、京东、苏宁易购为代表的大型电子商务网站，都会进行大规模打折促销活动，这一天逐渐成为中国互联网最大规模的购物狂欢日。电商真是聪明。互联网时代，是自由人的自由联合，要想让消费者产生购物的冲动，那就把时间约束到极限，让"快"成为理性选择，让"零等待"成为现实。的确，鼠标经济，指尖经济，就是要快，实现供给和需求"零等待"。

后来听说，阿里巴巴 2011 年 11 月 1 日向国家商标局提出"双十一"商标注册申请，2012 年取得商标专用权。据说，2009 年，支付宝交易额约为 1 亿元，2010 年约为 9.36 亿元，2011 年高达 52 亿元；此后，每年都是飞速上涨。2017 年 11 月 11 日全天，天猫总交易额达到 1 682 亿元，产生 8.12 亿物流订单，覆盖 220 多个国家和地区。京东下单金额达 1 271 亿元。2018 年 11 月 11 日全天，天猫总交易额达到 2 135 亿元。这在传统的市场中，是不可想象的。这是一个崭新的市场，一个崭新的世界。

从山不由得想起，这个世界就是三个苹果的故事。人们常说，三个苹果改变了世界。第一个苹果：在伊甸园，亚当和夏娃偷吃了一个苹果，产生了人类；第二个苹果：牛顿在苹果树下沉思，一个苹果从树上落下，砸在他头上，发现了万有引力定律，从而产生了现代科学，进而发生了第一次工业革命；第三个苹果：在互联网产业发展穷途末路之际，乔布斯横空出世，产生了移动互联，苹果品牌系列的智能设备实现了人类社会的"Always on"（永远在线）。

人们的生产方式、生活方式、行为方式，全都发生了改变，同时人类也进入"看不懂"的新时代，因为一切时时刻刻都在变。三个苹果改变世界，其实质是创新改变了世界，创新引领世界，创新是世界前进的动力。

人类社会，区域发展差异较大，有快有慢。有的一直较快，有的一直较慢，有的先快后慢，有的先慢后快，原因千万种，创新能力差异是根本原因之一。中国的电商红红火火，中国的制造业产值规模居世界第一，这足以令国人自豪。

从山感觉这些变化就发生在弹指一挥间。从山还记得，2000 年，刚参加工作，家中购买了第一台台式电脑和打印机，多年夙愿得以实现。2002 年，家中买了第一部手机，只要信号允许，无论何处，都可以打电话、接听电话，十分方便，尽管话费双向收取并且很贵。2003 年，家中买了第一部数码相机，想怎样拍照就怎样拍照，从此再不用胶卷相机。2006 年，家中买了第一台笔记本电脑，随身带着，很方便。2008 年，家中购买了第一部苹果智能手机，可以随时在线，很是奇妙。2009 年，电商就呼啸而来。事物的发展竟然如此之快。

2019 年春节过后，学生给青年教师讲了一个词——车厘子自由，许多年轻人将"车厘子购买力"作为衡量"财务自由"的指标之一。不少网友把消费这种高端水果的能力称为"车厘子自由"，成了一些人鉴定财务状况的"硬核"条件。

随着电商下沉步伐加快，在三四线城市家庭的年夜饭上，在车厘子之外，大波龙、帝王蟹、小龙虾也上了餐桌，进入寻常百姓家。带有各国特色的水果成为消费者餐桌上的常客，泰国榴梿、冰岛金海参、秘鲁蓝莓、新西兰奇异果、墨西哥牛油果等商品不远万里漂洋过海。农业农村部相关数据显示，2018 年中国水果进口额增速高达 34.5%，且首次出现贸易逆差（出口小于进口）。

因为职业原因，从山每年都要精读《政府工作报告》。2019 年《政府工作报告》说："发展消费新业态新模式，促进线上线下消费融合发展，培育消费新增长点。健全农村流通网络，支持电商和快递发展。"永远在线的时代，市场无限，消费无限。

从山知道，20世纪90年代，互联网进入中国，人们进入PC互联时代；21世纪10年代，智能手机横空出世，人们进入移动互联时代；现在，人工智能风起云涌，进入人工智能时代，一切都不一样了。经济社会运行范式，正在剧烈变化着。

2014年10月8日，联想创始人柳传志借用"罗辑思维"的微信平台，用他旗下的农产品"柳桃"为例子，请教大家互联网营销应该怎么做。他坦承：很多现象，看不懂了。的确，看不懂，正在成为我们这个社会的新常态。永远在线的移动互联网时代，万物快速更新，一切都在快速变化，每一个人、每一个企业、每一个地区、每一个国家都随时随刻面临着"Present Shock"（当下冲击）。

美国《连线》杂志主编克里斯·安德森的《长尾理论》描述的是，技术正在将大规模市场转化为无数的利基市场（获利空间），文化和经济重心正在加速转移，商业和文化的未来不在于传统需求曲线上那个代表"畅销商品"的头部，而是那条代表"冷门商品"的经常被人遗忘的长尾。长尾就是范围经济，就是产品多样性，小批量，多品种。互联网和智能化，使那条无限的长尾蕴藏着巨大的利润空间，其背后的实质是规模经济向范围经济迈进，意味着制造业发展范式的转型：从大规模标准化生产转向大规模定制化生产。这意味着企业做大做强有了新的选择路径，企业规模并不一定越大越好。发现长尾，是未来的竞争优势所在。专注、极致、快速反应，比规模更重要。

正是长尾和免费，使产品生产方式发生革命性变化。顾客不再是上帝，而是制造业参与者，是伙伴。这就是创客运动：创客使用开源设计和 3D 打印，自己动手设计产品，将制造业搬上自家桌面，实现全民创造。这意味着互联网实现了自由人的自由联合，将数以百万计发明家和爱好者的集体智慧集聚在一起，喷薄而出，这将逐步形成开放、互动、智能化、生产消费一体化的全球制造业模式。创客运动中的重大机遇就在于保持小型化与全球化并存的能力，创造出世界需要但尚未了解的产品。

技术正在颠覆传统世界，经济社会运行范式的重大变革正在汹涌而来。新工业革命是一场波及全球的革命，将带来一场颠覆性的变化，会对产业发展和经济社会转型形成极大的影响和冲击。美国学者杰里米·里夫金所著《第三次工业革命：新经济模式如何改变世界》一书，强调可再生能源、分布式能源生产和配置、氢能存储和新能源汽车等技术变革带来的影响。英国《经济学人》杂志 2012 年 4 月 21 日刊发的《制造：第三次工业革命》强调大数据、人工智能、机器人、数字制造等技术对制造范式带来的影响。人们必须认清这场革命的实质，研究这场经济社会运行范式革命的冲击。

20 世纪，全球是自动化制造普及。21 世纪以来，智能制造实现了虚拟网络与生产过程的相互渗透与深入融合。智能制造核心是"互联网 + 工业"。互联网正在成为普惠性工具，"联"将成为普惠性的基础设施，未来的重点将在"互"。"互"的核心在于：运用大数据分析，实现生产和消费的即时互动，实现精准生产和精准营销，实现设备与设备、设备与人的数字化沟通，实现跨越时空的分布式制造。

人工智能时代的到来，似乎一切都要智能化了。从山想象不到未来会是什么模样。

三、 为了健康

2014 年，从山大学毕业 20 周年。2014 年 8 月 7 日，阔别校园 20 年的同学们，绝大部分回到母校，大家终于又相见了。这要感谢现代技术，感谢微信。微信的力量太强大了，实现了全球自由人的自由联合。从电邮到短信，从 QQ 到微博，再到微信，社交平台的发展极其迅速。在互联网"Always on"时代，地球是平的，托马斯·弗里德曼说得没错。[①]

2014 年聚会之后，大家在班长的组织之下，踊跃参加了马拉松比赛。2015 年的兰州马拉松、北京马拉松、上海马拉松，2016 年的成都马拉松、贵州六盘水马拉松、敦煌马拉松，2017 年的重庆马拉松、大连马拉松，都成为同学们欢乐聚会的舞台。此刻，健康成为大家关注的中心。

从山这一代大学生，身处一个伟大的时代，创造并享受了发展红利，虽然期间曲折颠簸。虽然很多人还没有实现财务自由，但是大多数已经衣食无忧，收入预算约束线大幅度拓展了，消费组合的多样性增加了，可以实现"说走就走的旅行"。按照马斯洛的需求层次理论，同学们的需求层次提高了。

---

① ［美］托马斯·弗里德曼著，刘显蜀译：《地球是平的》，长沙：湖南科学技术出版社，2006 年。作者以独特的视角讲述了世界正在变平的过程，开放源代码、外包、离岸生产、供应链和搜索技术等被描述为铲平世界的十大动力，揭示了一个正在发生的深刻而又令人激动的变化的全球化趋势。

工作和闲暇，如何实现替代，不同的生命周期阶段，人的选择是不同的。此刻，闲暇的心理效用大幅度提升了。也就是说，人们开始追求生活品质了。

在既定的时间约束条件下，人们合理地安排劳动和闲暇时间，以实现最大的效用满足。收入越多，消费水平越高，效用满足越大。闲暇也是一种特殊消费，闲暇时间越长，效用水平越高。在不同的工资水平下，人们愿意供给的劳动数量取决于劳动者对工资收入和闲暇所带来效用的评价。

一般而论，工资越高，对牺牲闲暇的补偿越大，劳动者宁愿放弃闲暇而提供劳动的数量就越多，工资上升所产生的替代效应使得劳动数量增加。同时，工资提高，使得劳动者收入水平提高，劳动者需要更多的闲暇时间，工资上升提供的收入效应使得劳动数量减少。替代效应和收入效应是工资上升的两个方面。当前，人们越来越爱闲暇，表明收入效应越来越重要。

2016 年 3 月 27 日，成都双遗马拉松赛在都江堰鸣枪开跑①，赛事吸引了全球 3.2 万人参与，超 10 万名跑步爱好者来到现场感受这一盛事。赛道穿越青城山都江堰景区、大熊猫栖息地，是在世界文化遗产和世界自然遗产地区开展的马拉松赛事。

来自北京、石家庄、上海、苏州、广州、惠州、重庆的同学，与成都的同学胜利会师。有的参加全程马拉松，有的参加半程马拉松，有的做啦啦队。

---

① 都江堰位于四川省都江堰市灌口镇，是中国建设于古代并使用至今的大型水利工程，被誉为"世界水利文化的鼻祖"，是全国著名的旅游胜地。由秦国蜀郡太守李冰及其子率众于公元前 256 年左右修建，是全世界迄今为止年代最久、唯一留存、以无坝引水为特征的宏大水利工程，也是全国重点文物保护单位。2000 年联合国世界遗产委员会第 24 届大会上，都江堰被确定为世界文化遗产。

　　从山第一次现场体验马拉松，看到的不仅仅是体育，更是一场狂欢。全程马拉松、半程马拉松、Mini 马拉松、欢乐跑，选手们各安其道。参赛服是一道亮丽的风景线，有组委会提供的参赛服，有公司参赛选手的工作服，有企业赞助的广告服，有体现个性的漫画服，有中东的王子服，有古代宫廷服，有童话世界里的动物服，有哈利波特的道具服，有太空服，还有自己设计的服装，五彩斑斓，令人眼花缭乱。有个人参赛，有家庭参赛；有同学朋友一起参赛，有公司员工一起参赛；有高龄老人参赛，也有几岁的孩童参赛。男男女女，老老少少，欢歌笑语，一路跑着，有人挥舞着旗帜，有人挥舞着金箍棒，有人手持丝带，有人欢快地与路边的呐喊者击掌相庆。比赛的起点，锣鼓喧天；路途之中，呐喊声、加油声此起彼伏；终点将至，雄壮的歌声催人奋进，广播员充满着激情："科学比赛！不能盲目冲刺！"真是一场全民欢聚的盛事！

　　马拉松，不仅仅是身体上的磨炼，更多的是精神的升华、情感的飞扬。同学们享受着这一刻。聚会主题是"愿你出走半生，归来仍是少年"，人们期盼着一个健康的未来。

　　悄然之间，人们理解了美好生活的真谛，逐步跳出了物质生活对人的限制（其背后是生产力的支撑），回归到一种自由自在的状态，回归到"生活之人"的状态，这种状态将主导着人们的精神生活。

四、 顺势而为

从山的一大爱好就是读书。2018 年底，他偶然间读了《低欲望社会》①。作者大前研一认为，现在未满 35 岁的日本人，从进入青春期以来，就面对"失去的二十年"，人生只经历通货紧缩、市场不景气的黑暗时代，因而大多数人，不只是不愿意背负房贷或不愿意结婚生子，更是不想承担所有的风险及责任。他预测，世界各国都将面对"低欲望社会"现象，年轻人晚婚、少子化、对拥有物质毫无欲望。这种无欲的心态，不仅令消费市场大伤，对企业现有经营模式、经济产业结构，也将带来翻天覆地的惊人改变。

从山觉得，中国离低欲望社会还很远很远，人们心中似乎蕴藏着无限的理性消费冲动。2019 年春节过后，从山听说，几年前，有个叫山下英子的日本家庭妇女，推出一个"断舍离"②理念。从经济学的角度理解，"断舍离"就是减少需求，打死也不买，买了还要扔出去。许多学者认为，日本"失去的二十年"，经济不死不活，也许与这种"断舍

---

① ［日］大前研一著，姜建强译：《低欲望社会》，上海：上海译文出版社，2018 年。大前研一为日本著名管理学家、经济评论家。著有《无国界世界》《全球舞台大未来》等。国际著名企业策略家及经济评论家。日本早稻田大学应用化学系毕业，东京工业大学核工硕士、麻省理工学院核工博士。1970 年至 1972 年，为日立制作所核能开发部工程师。1972 年始，任职于麦肯锡顾问公司，1979 年升任为该公司日本分公司总经理，1981 年担任该公司董事，1995 年离职。其后曾先后担任斯坦福大学客座教授、大前协会董事、创业家学校创办人。
② 《断舍离》是日本杂物管理咨询师山下英子创作的家庭生活类著作，首次出版于 2009 年。该书主要讲述了山下英子推出的概念：断 = 不买、不收取不需要的东西；舍 = 处理掉堆放在家里没用的东西；离 = 舍弃对物质的迷恋，让自己处于宽敞舒适、自由自在的空间。

离"理念不无关系。

从山觉得，中国正在进入消费的镀金时代。如果说，传统体制下，中国居民消费是向策而生，被动的"月光族"消费模式内生于重工业优先发展战略，政策决定消费；20世纪80年代，改革开放的制度红利，引发了居民内心的消费冲动，进入炫耀性消费时代；那么，21世纪以来，政策则是顺应消费发展变迁的规律和大势，形成了政府政策和消费者微观主体的良性互动。

这种顺势而为，在一定程度上，是顺应消费需求的层次变迁。需求是有支付能力的需要。潜在需求，就是支付能力。中国有世界第一的广义货币供应量，有世界第二的GDP，潜在需求规模是巨大的。潜在需求，是一个国家（或地区）的挣钱能力问题，是居民如何形成可支配收入的问题。2004年《政府工作报告》说："我国消费在国内生产总值中的比重偏低，不利于国内需求的稳定扩大，不利于国民经济持续较快增长和良性循环。要努力增加城乡居民收入，提高居民购买力水平；加大收入分配调节力度，提高中低收入居民的消费能力。"2019年《政府工作报告》说："多措并举促进城乡居民增收，增强消费能力。落实好新修订的个人所得税法，使符合减税政策的约8 000万纳税人应享尽享。"政策意在增加潜在需求。

有了潜在需求，就要转化为有效需求，即有支付能力的需要，最为关键的是居民的消费意愿。2017年《政府工作报告》说："要增加高品质产品消费。引导企业增品种、提品质、创品牌，扩大内外销产品'同线同标同质'实施范围，更好满足消费升级需求。"2019年《政府工作报告》说："要顺应消费需求的新变化，多渠道增加优质产品和服务供给。"政策意在增加有效需求。

有了有效需求，能不能变成实际需求，即实实在在实现了的有效需求，就要看消费环境如何，消费者在消费过程中有没有体制障碍、政策约束和空间距离等。2006 年《政府工作报告》说："完善消费环境和政策……切实保障消费者合法权益。合理调整消费税，规范和发展消费信贷，抓紧清理、修订现行抑制消费的不合理规定和政策，促进居民消费结构升级。"2018 年《政府工作报告》说："对各类侵害消费者权益的行为，要依法惩处、决不姑息。"

消费需求的层次转换逻辑，2013 年《政府工作报告》说得很清楚："要坚定不移地把扩大内需作为经济发展的长期战略方针……扩大内需的难点和重点在消费，潜力也在消费。扩大居民消费要在提高消费能力、稳定消费预期、增强消费意愿、改善消费环境上下功夫，不断提高消费对经济增长的拉动力。"

从向策而生到政策的顺势而为，人民的美好生活越来越具备了稳步实现的内生动力。这正是我们所追求的内生动力机制。每一个人都可搭乘这趟内生动力列车，迈向消费的镀金时代。

习近平总书记在党的十八届五中全会首次提出，着力践行以人民为中心的发展思想。以人民为中心的发展思想，不是一个抽象的、玄奥的概念，不能只停留在口头上、止步于思想环节，而要体现在经济社会发展的各个环节。要坚持人民主体地位，顺应人民群众对美好生活的向往，不断实现好、维护好、发展好最广大人民群众的根本利益，做到发展为了人民、发展依靠人民、发展成果由人民共享。实现这个目标需要一个漫长的历史过程。我国正处于并将长期处于社会主义初级阶段，我们不能做超越阶段的事情，但也不是说在逐步实现共同富裕方面无所作为，而是要根据现有条件把能做的事情尽量做起来，积小成大，不断朝着全体人民共同富裕的目标前进。

浸淫于经济学世界二十多年的从山，正在搭乘着实现这一目标的内生动力列车。这趟列车，正在迈向 2020 年，正在驶向 2035 年，正在开向 2049 年，正在奔向更长更长的未来！

结　语

1. 行为演进的特征事实

1949 年，毛主席的那句"中华人民共和国，中央人民政府，今天成立了"，翻开了人民生活新的一页，中华人民共和国开始了工业化进程。十八大以来，习近平总书记那句"人民对美好生活的向往，就是我们的奋斗目标"响彻寰宇，社会主要矛盾由"人民日益增长的物质文化需要与落后的社会生产之间的矛盾"转变为"人民日益增长的美好生活需要与不平衡不充分的发展之间的矛盾"，意味着制造水平滞后于消费品质需求的境况亟待改变。以供给侧结构性改革为主线的伟大变革，就是要实现人民群众日益增长的美好生活需要。

一花一世界。老百姓的生活，衣食住行，最能代表社会的真实状况和变迁。消费者面临两件事：如何挣钱和如何花钱。收入如何，未来怎么变？支出如何，未来怎么变？面临的风险可能是什么，风险前瞻期有多长？1949—2019 年，一部消费生活史，一部经济社会发展变迁史。本书以每一个年代居民消费的碎片化事实为基础，提炼居民消费行为的模式变迁，展现 70 年波澜壮阔的经济社会发展。

1953 年，重工业优先发展战略，意味着资本密集型重工业需要更多的货币剩余，这意味着"低工资，低消费"，内生出从摇篮到坟墓全包的城市福利体制。农业的外汇贡献和农村的团队生产，使消费处于低水平。直到 1978 年，这是一个低水平的"月光族"时代，也近似于绝对收入说消费行为模式的时代。

1978 年开启的改革开放，翻开了居民生活新的一页。国有企业的放权让利与农村家庭联产承包责任制产生了共振，人民收入进一步得到提高，福利体制进一步提升。居民消费在平面扩张即弥补历史欠账的基础上，开始了消费升级，出现了排浪式的家电消费浪潮，炫耀性的消费开始登上舞台，居民最怕"钱不值钱"。直到 1992 年，这是近似于相对收入说消费行为模式的时代。

1992 年"春天的故事"，明确了改革开放的目标是建立社会主义市场经济体制。市场经济的微观基础随之变化，企业、政府、居民行为模式都在变。国有企业迈向现代企业制度，就业的不确定性带来了收入的不确定性，传统福利体制逐步解体，居民开始跨时均衡配置资源。自此之后，居民消费行为近似于生命周期说消费行为模式。

21 世纪以来，出现了新的"月光族"，居民消费行为模式出现了多重性，但仍以生命周期说消费行为模式为主。

2. 迈向世界生产中心和世界消费中心

每一代人都有对美好生活的向往。美好生活，最终是由消费实现的。正是由于代际对消费升级的不懈努力，形成了生产消费的良性循环，推动经济社会的持续发展。

每一个国家，每一个地区，由于发展起点、发展条件和发展阶段不同，消费和生产的关系呈现动态变化。当经济发展较为落后时，则少消费、多储蓄、多投资、多生产。此时，储蓄是为了未来能更多更好地消费。这是生产社会的基本特征，即生产决定消费。当经济发展到一定阶段，生产能力和生产体系已经相对成熟，消费市场成为主导经济社会发展的动力。此时，消费不仅是美好生活的实现路径，更是经济社会转型升级的强大动力。这是消费社会的基本特征，即消费反作用于生产。

消费是经济发展的最终动力。通过消费需求的乘数效应拉动经济增长，可以实现经济的转型升级与可持续发展。历史表明，发达国家在特定历史阶段的"消费革命"，通过特定产品（如缝纫机、电视、汽车）消费的规模效应，推动了经济的快速发展。

1978 年以来，改革开放市场化进程的逻辑起点是自然经济和计划经济。这决定了中国改革开放具有双重意义的转型：从自然经济迈向发达经济，是发展意义的转型；从计划经济迈向市场经济，是改革意义的转型。在这双重意义的转型过程中，消费和生产良性互动，推动了经济社会快速发展。一方面，形成了具有世界影响力的产业体系。生产能力，尤其是制造业的生产能力，是中国成为有影响力的世界大国最重要的经济基础。我国拥有 39 个工业大类、191 个中类、525 个小类，成为唯一拥有联合国产业分类全部工业门类的国家。另外，培育了具有世界影响力的消费能力和消费市场。2009 年，中国 GDP 全球占比接近 9%，GDP 总量正式超过日本，位居世界第二。这是全球化进程中具有决定性影响力的大事件。即使在全球发生金融危机的大背景下，中国 GDP 占世界经济比重依旧保持稳定增长，2018 年在全球经济占比中达到 16%。GDP 在一定程度上就是消费力。这表明，中国逐步具备了消费社会的基本特征，消费将成为中国经济社会发展的内生动力，也是拉动全球经济增长的重要动力。这意味着，中国从"生产为主"迈向"生产和消费并重"并贡献于全球经济发展。

2008 年全球金融危机以来，发达经济体意识到实体经济发展的重要意义以及消费市场的重要作用。贸易保护主义在一定范围内兴起，贸易摩擦不时出现。2018 年以来，全球最大的事件之一就是中美贸易摩擦，这对我国外部需求市场形成一定冲击，并对经济发展产生一定影响。无论贸易摩擦的影响和走势如何，充分发挥我国经济发展的韧性，全方位、多层次激发消费市场的潜力，实现我国经济发展的新旧动能转换，将是实现中华民族伟大复兴"中国梦"的关键路径。

从宏观层面看，2019 年 6 月底，我国广义货币量约 192 万亿元，经汇率换算，约 28 万亿美元，居世界第一。在货币泛滥的同时，很多行为主体却"缺钱"，融资困难重重。这些天量货币分布在居民、企业、组织等微观主体手中。如何实现货币之水浇灌实体经济之田，是宏观经济面临的最大问题之一。发挥"消费是生产的最终目的"这一基本规律的作用，通过消费引导货币流动，由消费结构动态变化引导货币分布动态变化，引导货币之水浇灌实体经济之田，至关重要。

2018 年 9 月，中共中央国务院发布《关于完善促进消费体制机制进一步激发居民消费潜力的若干意见》。这是中央政府综合研判世界经济发展新形势和我国经济发展新常态做出的重大决策。2018 年 12 月，中央经济工作会议提出，促进形成强大的国内市场。总体而言，就是要发挥消费在新旧动能转换和高质量发展进程中的引领作用。重视消费升级的引领作用，需注意消费不仅仅是规模的平面扩张，更重要的是升级，实现更好的生活，从生存消费迈向健康快乐消费，重视现在和未来消费的跨时均衡。居民消费和储蓄的关系，就是如何看待现在和未来的关系。要强调政策配套体系和合理预期，引导从"敢不敢消费"迈向"愿不愿意消费"，形成消费资源配置的代际均衡，并在一定程度上降低社会运行的体制成本。

总之，充分发挥消费在新旧动能转换和高质量发展进程中的引领作用，既是应对国内外经济发展复杂形势的有效路径，更是建设现代化强国的重要标志。建立生产大国和消费大国，既是我们的责任，更是我们的义务。

寻求经济发展的可持续动力，是中国面临的核心问题。改革开放以来，中国为世界贡献了一个生产中心，同时也成为中间产品的需求中心。未来时期，中国不仅要稳固世界生产中心的地位，还要力争成为世界消费中心。

中国培育世界消费中心的着力点是按生命周期配置资源的消费行为模式进行的。由单中心（制造中心）向双中心（制造中心和消费中心）转变，是一项转型升级的系统工程。构建经济发展的可持续动力，需要顶层设计把握微观基础的理性行为变迁，为生产与消费提供良好的基础条件。

2014年3月27日，在巴黎举行的中法建交50周年纪念大会上，习近平主席说："拿破仑说过，中国是一头沉睡的狮子，当这头睡狮醒来时，世界都会为之发抖。中国这头狮子已经醒了，但这是一只和平的、可亲的、文明的狮子。"

这头狮子，插上世界生产中心和世界消费中心两个翅膀，将快速飞跑起来。

回顾历史，工业革命以来，世界制造中心（世界工厂）几经变迁：英国→美国→日本→中国。18世纪，英国发生工业革命。美国在19世纪90年代末期超过英国，成为全球最大的制造强国。"二战"以后，日本从"贸易立国"到"技术立国"，逐渐成为世界制造中心。每一次世界制造中心的变迁，都有一个强国出现，世界工厂以其强大的生产影响力和市场影响力推动着其经济体的快速成长。即使在生产要素成本上升而发生产业转移之后，其经济体的世界影响力依然存在，表现之一就是话语权：世界工厂升级为世界市场价格中心、标准中心、技术中心，"生产权"上升为"市场话语权"。世界制造中心的转移，伴随着经济强国的出现，强国的标志就是引领全球价值链。

回望历史，全球化与一个国家（地区）发展的互动，决定了一个国家（地区）的发展趋势与未来前景，并经历三个阶段：切入全球价值链→构建国家（地区）价值链→引领全球价值链。改革开放以来，中国从试点开放（1978—1990 年），到切入全球价值链（1991—2010 年），进而构建国家价值链（2011—2030 年），最后在未来引领全球价值链（2031—2050 年）。从构建国家价值链迈向引领全球价值链，从全球化追随者转变成全球化引领者，需要具备全球化产业引领能力和价值链管理能力。

成为世界生产中心和世界消费中心，需要夯实全球化引领者的微观基础。想要生活得好，就要生产得好。

参考文献

一、著作

［德］马克思、恩格斯著，中共中央马克思恩格斯列宁斯大林著作编译局编译：《马克思恩格斯全集》（第 23 卷），北京：人民出版社，1972 年。

［法］费尔南·布罗代尔著，顾良、张慧君译：《资本主义论丛》，北京：中央编译出版社，1997 年。

［印度］阿马蒂亚·森著，王宇、王文玉译：《贫困与饥荒：论权利与剥夺》，北京：商务印书馆，2001 年。

［美］埃德蒙·费尔普斯著，余江译：《大繁荣：大众创新如何带来国家繁荣》，北京：中信出版社，2013 年。

［美］丹尼尔·贝尔著，高铦等译：《后工业社会的来临》，北京：商务印书馆，1986 年。

［美］戴维·罗默著，苏剑、罗涛译：《高级宏观经济学》，北京：商务印书馆，1999 年。

［美］道格拉斯·诺斯、罗伯特·托马斯著，厉以平、蔡磊译：《西方世界的兴起》，北京：华夏出版社，2009 年。

［美］道格拉斯·诺思著，杭行译：《制度、制度变迁与经济绩效》，北京：格致出版社，2014 年。

［美］亨利·基辛格著，胡利平等译：《论中国》，北京：中信出版社，2012年。

［美］亨利·基辛格著，胡利平等译：《世界秩序》，北京：中信出版社，2015年。

［美］加里·M. 沃尔顿、休·罗考夫著，王珏等译：《美国经济史》（第10版），北京：中国人民大学出版社，2013年。

［美］加里·S. 贝克尔著，郭虹等译：《人力资本理论：关于教育的理论和实证分析》，北京：中信出版社，2007年。

［美］加里·S. 贝克尔著，彭松建译：《家庭经济分析》，北京：华夏出版社，1987年。

［美］罗伯特·瑞米尼著，朱玲译：《美国简史——从殖民时代到21世纪》，杭州：浙江人民出版社，2015年。

［美］罗伯特·希勒著，束宇译：《金融与好的社会》，北京：中信出版社，2012年。

［美］罗纳德·科斯、王宁著，徐尧、李哲民译：《变革中国：市场经济的中国之路》，北京：中信出版社，2013年。

［美］米尔顿·弗里德曼著，胡骑等译：《自由选择》，北京：商务印书馆，1993年。

［美］纳德·麦金农著，周庭煜等译：《经济市场化的次序：向市场经济过渡时期的金融控制》，上海：上海人民出版社，1999年。

［美］彭慕兰、史蒂文·托皮克著，黄中宪译：《贸易打造的世界——1400年至今的社会、文化与世界经济》，上海：上海人民出版社，2018年。

［美］彭慕兰著，史建云译：《大分流：欧洲、中国及现代世界经济的发展》，南京：江苏人民出版社，2010年。

［美］萨缪尔森、诺德豪斯著，萧琛译：《经济学》（第18版），北京：人民邮电出版社，2008年。

［美］斯蒂格利茨、沃尔什著，黄险峰、张帆译：《经济学》，北京：中国人民大学出版社，1996年。

［美］托马斯·弗里德曼著，刘显蜀译：《地球是平的》，长沙：湖南科学技术出版社，2006年。

［美］威尔斯著，谢凯译：《世界简史》，长春：吉林文史出版社，2015年。

［美］马克斯·韦伯著，余晓、陈维纲等译：《新教伦理与资本主义精神》，北京：生活·读书·新知三联书店，1987年。

［美］伊恩·莫里斯著，钱峰译：《西方将主宰多久：东方为什么会落后，西方为什么能崛起》，北京：中信出版社，2014年。

［美］约翰·塔姆尼著，陈然译：《让经济学回归常识》，武汉：湖北教育出版社，2016年。

［日］大前研一著，姜建强译：《低欲望社会》，上海：上海译文出版社，2018年。

［匈］亚诺什·科尔内著，张晓光等译：《短缺经济学》，北京：经济科学出版社，1986年。

［英］卡尔·波普尔著，何林、赵平译：《历史主义贫困论》，北京：中国社会科学出版社，1998年。

［英］李约瑟著，《中国科学技术史》翻译小组译：《中国科学技术史》，北京：科学出版社，1979年。

［英］亚当·斯密著，杨程程、廖玉珍译：《道德情操论》，北京：商务印书馆，2011年。

［英］亚当·斯密著，郭大力等译：《国民财富的性质和原因的研

究》，北京：商务印书馆，1997 年。

邓小平：《邓小平文选》（第三卷），北京：人民出版社，2001 年。

李鹏：《市场与调控：李鹏经济日记》，北京：新华出版社，2007 年。

刘金山：《市迹》，广州：暨南大学出版社，2017 年。

刘金山：《握手市场：1978—2018》，广州：暨南大学出版社，2018 年。

毛泽东：《毛泽东文集》（第 6 卷），北京：人民出版社，1999 年。

钱其琛：《外交十记》，北京：世界知识出版社，2003 年。

萧国亮、隋福民：《中华人民共和国经济史（1949—2010)》，北京：北京大学出版社，2011 年。

许倬云：《万古江河：中国历史文化的转折与开展》，长沙：湖南人民出版社，2017 年。

张宏杰：《饥饿的盛世：乾隆时代的得与失》，长沙：湖南人民出版社，2012 年。

《朱镕基讲话实录》编辑组编：《朱镕基讲话实录》，北京：人民出版社，2011 年。

Duesenberry J S. Income，Saving and the Theory of Consumer Behavior. Cambridge：Harvard University Press，1949.

Veblen T. The Theory of the Leisure Class：An Economic Study of Institution. The Modern Library，1961.

二、论文

方福前、俞剑：《居民消费理论的演进与经验事实》，《经济学动态》2014 年第 3 期。

郭云南、姚洋、Jeremy Foltz：《宗族网络、农村金融与平滑消费：来自中国 11 省 77 村的经验》，《中国农村观察》2012 年第 1 期。

韩立岩、杜春越：《收入差距、借贷水平与居民消费的地区及城乡差异》，《经济研究》2012 年第 47 卷第 S1 期。

杭斌：《人情支出与城镇居民家庭消费——基于地位寻求的实证分析》，《统计研究》2015 年第 32 卷第 4 期。

林建浩、吴冰燕、李仲达：《家庭融资中的有效社会网络：朋友圈还是宗族？》，《金融研究》2016 年第 1 期。

刘园、李捷嵩：《居民收入分布与炫耀性消费》，《中央财经大学学报》2018 年第 1 期。

马光荣、杨恩艳：《社会网络、非正规金融与创业》，《经济研究》2011 年第 46 卷第 3 期。

马小勇、白永秀：《中国农户的收入风险应对机制与消费波动：来自陕西的经验证据》，《经济学》（季刊）2009 年第 8 卷第 4 期。

邱兆祥、王德祥、陈凯：《基于地位寻求视角的中国居民高储蓄动机的实证分析》，《金融理论与实践》2018 年第 12 期。

田青、马健、高铁梅：《我国城镇居民消费影响因素的区域差异分析》，《管理世界》2008 年第 7 期。

王宁：《消费与认同——对消费社会学的一个分析框架的探索》，《社会学研究》2001 年第 1 期。

吴小丹、李俊文：《社交网络、流动性约束与家庭消费——基于中国家庭微观调查数据》，《消费经济》2015 年第 31 卷第 5 期。

杨汝岱、陈斌开、朱诗娥：《基于社会网络视角的农户民间借贷需求行为研究》，《经济研究》2011 年第 46 卷第 11 期。

易行健、张波、杨汝岱等：《家庭社会网络与农户储蓄行为：基于中国农村的实证研究》，《管理世界》2012 年第 5 期。

钟慧、邓力源：《风险态度、社会网络与家庭消费》，《消费经济》2015 年第 31 卷第 4 期。

三、资料

《政府工作报告》，1954—2019 年。
《中国统计年鉴》各年。

后　记

中华人民共和国成立后这 70 年，跌宕起伏，无论在世界的哪一个角落，都会直接或间接感受到中国的成长。如何科学地看待历史，至关重要。历史是国家的记忆，这种记忆，在很大程度上影响着未来国家的决策。

作为一名经济学者，有着一种天然的理性冲动，想要洞察这 70 年的变迁逻辑，想要把它付诸文字，想要展现复杂事件背后的逻辑，想要重新定义生活之变，尽管生活自身就这样演进着。行随心动，时不我待。一旦启动，就很难刹车，其间的酸甜苦辣，只有自知。正如温斯顿·丘吉尔所言："写书就像一场冒险。开始时，它是玩具，也是娱乐。然后它成为一位情妇，再而成为一位主子，再往后则变成一位暴君。最后一个阶段是你终于认了命，你把这头怪兽给杀了，然后拖到外面示众去。"

其间的最大体会是，大道理直接统辖一切小道理，小道理又悄悄地影响着大道理。好像突然明白，经济学者，不仅仅只是经济学者，同时也是社会学者，更是人类学者。

突然想起人类学家克洛德·列维—斯特劳斯。套用他的话：所有的食物，从来都不仅仅是吃的，食物教会人们思考；所有的衣服，从来都不仅仅是穿的，衣服教会人们思考；所有的用品，从来都不仅仅是用的，用品教会人们思考。

　　70 年消费之变，变的是生活，更是人们行随心动的方式。其中有激进，有渐进，有平和，有澎湃，但无论如何，其间的逻辑没有断裂，自然界没有跳跃。过去如此，现在如此，相信未来也是如此。在一个没有共识就是共识的年代，这算不算一个共识呢？

　　一切皆由读者判断，并请不吝批评指正。

刘金山

2019 年 5 月于暨南园